O Ator

DON MIGUEL RUIZ
BARBARA EMRYS

O Ator

Como levar uma vida mais autêntica

Tradução
Carolina Simmer

1ª edição

Rio de Janeiro | 2022

EDITORA-EXECUTIVA
Raïssa Castro

SUBGERENTE EDITORIAL
Rayana Faria

EQUIPE EDITORIAL
Beatriz Ramalho
Mariana Gonçalves
Ana Gabriela Mano

ADAPTAÇÃO DE CAPA
Leticia Quintilhano

PREPARAÇÃO
Júlia Marinho

REVISÃO
Sílvia Leitão

DIAGRAMAÇÃO
Ilustrarte Design

TÍTULO ORIGINAL
The Actor — How to Live an Authentic Life

CIP-BRASIL. CATALOGAÇÃO NA PUBLICAÇÃO
SINDICATO NACIONAL DOS EDITORES DE LIVROS, RJ

R885a

Ruiz, Don Miguel
O ator : como levar uma vida mais autêntica / Don Miguel Ruiz, Barbara Emrys ; tradução Carolina Simmer. - 1. ed. - Rio de Janeiro : BestSeller, 2022.

Tradução de: The actor : how to live an authentic life
ISBN 978-65-5712-159-7

1. Técnicas de autoajuda. 2. Assertividade (Psicologia). 3. Autonomia (Psicologia). I. Emrys, Barbara. II. Simmer, Carolina. III. Título.

22-75596

CDD: 158.1
CDU: 159.923.2

Meri Gleice Rodrigues de Souza - Bibliotecária - CRB-7/6439

Copyright © 2020 by Miguel Angel Ruiz and Barbara Emrys
Originally published by Urano Publishing USA, Inc.
Copyright da tradução © 2022 por Editora Best Seller Ltda.

Todos os direitos reservados. Proibida a reprodução,
no todo ou em parte, sem autorização prévia por escrito da editora,
sejam quais forem os meios empregados.

Direitos exclusivos de publicação em língua portuguesa para o Brasil
adquiridos pela
Editora Best Seller Ltda.
Rua Argentina, 171, parte, São Cristóvão
Rio de Janeiro, RJ – 20921-380
que se reserva a propriedade literária desta tradução

Impresso no Brasil

ISBN 978-65-5712-159-7

Seja um leitor preferencial Record.
Cadastre-se no site www.record.com.br e receba informações sobre
nossos lançamentos e nossas promoções.

Atendimento e venda direta ao leitor:
sac@record.com.br

Sumário

Dia de apresentação..................7
Primeiro dia: O artista 13
Segundo dia: A linguagem 33
Terceiro dia: A atuação 53
Quarto dia: O palco..................................89
Quinto dia: A cortina se fecha............................... 111

Dia de apresentação

Bom dia e seja bem-vindo à Universidade do Mistério!

Nesta semana, começaremos uma série de ensinamentos sobre a vida do ponto de vista de um artista. Você já contou inúmeras histórias sobre suas experiências pessoais desde que aprendeu a falar. Passou décadas expressando sentimentos e documentando seus atos. Mesmo assim, de muitas formas, permanece sendo um mistério para si mesmo. Estamos juntos aqui para investigar o mistério mais interessante de todos: você.

Assim que esta série for se expandindo, sua consciência se expandirá também. Você aprenderá mais sobre o mundo, como ele foi criado e como pode ser modificado para a sua felicidade. O seu mundo é a realidade que você enxerga. Talvez pareça que todos enxergam as coisas do mesmo jeito que você, porém o universo de cada indivíduo é único. A sua realidade pessoal é uma obra de arte distinta, moldada a partir da sua forma de pensar e imaginar.

O curso tem o objetivo de ajudar você a reconhecer as decisões criativas que tornaram sua realidade o que ela é agora e quais escolhas ainda podem ser tomadas. Obviamente, você caminha por esta universidade desde que nasceu. Participou de muitas aulas semelhantes e explorou mistérios por muito mais tempo do que consegue se recordar. Esteve em muitas apresentações como esta, em muitas cerimônias de formatura. Foi aluno e professor, compartilhando sua sabedoria enquanto segue pela vida.

Você, como todo ser humano, chegou a este planeta sem conhecimento. No começo, conseguia ver e sentir, mas era intelectualmente cego. E, como a maioria dos seres humanos novos, ergueu sua pequena lanterna — vamos chamá-la de curiosidade — e caminhou pela escuridão. Havia uma ânsia pela luz e por tudo que ela poderia revelar.

Conforme cada um dos mistérios da vida foi sendo solucionado, outros surgiam. As revelações passaram a vir mais rapidamente, acompanhando o aumento da sua consciência. Suas perguntas se tornaram mais profundas, e as respostas, mais difíceis de compreender. Desde que sua vida começou, sempre foi assim.

Há uma antiga história ligada à imaginação humana, que trata sobre a reunião de entidades sábias no céu. Elas decidiram criar uma universidade do mistério, que se chamaria Terra. Há muitas versões dessa lenda; porém, a maioria concorda que foi necessário muito tempo para que a universidade ficasse pronta. A ciência nos diz que a criação de um ambiente capaz de permitir a vida neste planeta exigiu cerca de um bilhão de anos. E outros três bilhões para construir um campus por onde artistas pudessem circular e aprender os mistérios da vida. Em outras palavras, foi preciso um processo longuíssimo de evolução para chegarmos a este momento específico — quando, juntos, podemos descobrir uma nova maneira de compreender *você*.

Cada conhecimento, cada assunto, é um campo novo a ser explorado. Muitas pessoas se aprofundam nas ciências e se tornam especialistas em suas áreas. Algumas estudam filosofia e ciências sociais, ou se tornam químicas, físicas, engenheiras. Dedicam-se à religião ou à lei. Outras se destacam nos esportes ou nas artes. Alunos muito inspirados acabam inspirando a humanidade inteira. Talvez você seja um deles, e muitos seguirão seu caminho.

Hoje, os mistérios cedem à curiosidade humana mais rapidamente do que nunca. Faz muitos anos que você faz parte desse meio acadêmico global em que mistérios são examinados, e segredos, revelados. Você já era um estudante muito antes de a sua educação formal começar. A esta altura, você mostrou suas habilidades para o mundo e tem a capacidade de se desenvolver ainda mais. Você tem o poder de melhorar a qualidade da sua vida todos os dias.

Mesmo agora, está se aperfeiçoando. Usando o poder da atenção, continua enxergando melhor, compreendendo mais, tomando as rédeas do seu nível de consciência. Tenho certeza de que você já percebeu que até os mestres vivem em um estado de contínuo aprendizado. Você dominou muitas habilidades, mas ainda tem muito a descobrir antes de a aventura acabar.

Ser um estudante da vida é como entrar em um labirinto com inúmeros caminhos, cada um oferecendo mais opções.

Conforme você se embrenha nele, é impossível saber o que encontrará depois da próxima curva. A vida evolui de acordo com os rumos que você segue, e suas decisões são afetadas por todos que você encontra ao longo da jornada. Outros alunos influenciam sua percepção de si mesmo. Suas reflexões já afetaram a trajetória da sua vida e vão, de alguma forma, moldar seu futuro.

Os professores oferecem conhecimento, mas os alunos só conseguem enxergar aquilo que estão prontos para ver. Seu trabalho comigo também é uma troca artística. Quando falo, uso a linguagem mais compreensível possível; essa é minha contribuição para a arte. Você escuta com atenção, no seu próprio nível de compreensão; essa é a sua contribuição. A escolha das minhas palavras é uma responsabilidade minha; a interpretação delas é sua. Unidos, criaremos conscientização a partir de mistério.

Ao longo do nosso tempo juntos, você se lembrará de segredos familiares e desvendará muitos outros surpreendentes. Começará a enxergar com nitidez pontos que antes causavam desorientação ou confusão. As descobertas feitas aqui darão força ao momento presente e lhe ajudarão a fazer as pazes com o passado. Sugiro que você encare até a menor das revelações como um raio que energiza a jornada do dia seguinte.

A Universidade do Mistério lida com os desafios que você encontra à medida que molda seu mundo. Em aulas futuras, falaremos sobre mitologias pessoais e o poder que elas exercem sobre cada aspecto da vida. Conversaremos sobre relacionamentos românticos e a maneira como eles conectam os seres humanos. Há muitas portas para o aprendizado; porém, nesta semana, começaremos com uma análise das artes cênicas.

Por quê? A primeira habilidade que aprendemos é a atuação — até antes de um idioma, ou até mesmo antes de conseguirmos nos levantar e andar. A arte performática é um estilo de vida para cada pessoa e ela influencia nosso sonho conjunto. Você, por exemplo, é o personagem principal de toda história que conta sobre si mesmo, e a sua lealdade a esse personagem frequentemente o impede de perceber sua autenticidade enquanto ser humano.

Hoje, você terá a oportunidade de ver o drama humano por inteiro, assim como o seu papel nele. Talvez note coisas que nunca percebeu antes. Como resultado, você pode decidir mudar de comportamento. Novas descobertas nos ajudam a entender que a vida nos oferece opções; só cabe a nós escolhê-las.

Esse é um mundo instigante; você é um ser interessante. Novamente, seja bem-vindo! Erga sua lanterna, traga sua curiosidade e seu entusiasmo pela aventura, e lembre-se sempre de manter a mente aberta para a verdade.

Primeiro dia:
O artista

O artista pode criar algo lindo; mas aquele que faz isso apenas em prol do próprio prazer não é um artista.

— Oscar Wilde

Bom dia! Hoje, começaremos nosso curso de artes cênicas. Nesta universidade específica, cada curso é planejado para ampliar sua compreensão sobre a razão e o comportamento humano. Toda aula nos aproxima um pouco mais da sabedoria e da consciência. Só cabe a você decidir como escutar. Você escolhe como deseja aplicar os ensinamentos de cada lição.

Alguns alunos chegam à escola ávidos por aprender. Talvez você tenha sido esse tipo de estudante no passado. Outros vão para a escola, mas se distraem com facilidade — esse também pode ter sido o seu caso. Muitos alunos não se dão ao trabalho de fazer anotações nem se lembram do que aprenderam, e há aqueles que aparecem, assistem a algumas aulas e vão para casa mais cedo. Esse abandono indica uma lamentável falta de interesse. Se esse fosse o seu perfil como aluno, provavelmente você não estaria aqui.

Na verdade, suspeito que você tenha se interessado em solucionar os mistérios da vida desde que chegou ao campus, mas só alcançou um novo nível de descobertas agora. Então desapegue de suas crenças antigas. Sente-se, escute e prepare-se para enxergar tudo como novos olhos; com uma mente aberta e disposição para tentar possibilidades diferentes, é possível transformar ideias abstratas em ações práticas.

Que ótimo! Já passamos pela introdução, então vamos começar esta aula falando do artista. Antes que qualquer obra de arte seja criada, o artista precisa existir. A energia, podemos dizer, é o artista do mundo natural. Você é o artista da sua própria realidade. O impulso criativo está no seu genótipo. Você nasceu com ele.

O que exatamente define um artista? Bem, muitas coisas. Um artista sabe reconhecer a beleza. Ele busca por maravilhas no mundo físico *e* no mundo virtual, enxerga aquilo que não é visto com facilidade pelos outros e compartilha essa visão com a humanidade. Um artista sabe como se render à força criativa para seguir seus instintos e viver apaixonado.

Talvez algumas dessas definições pareçam estranhas, ou soem um pouco excêntricas. A excentricidade é considerada uma característica dos artistas, mas todos nós somos excêntricos e estranhos, não é? Talvez você não goste da maneira como algumas pessoas expressam sua arte, porém toda expressão tem o direito de existir. Cada um de nós é um artista, e nossos talentos são diversos e impressionantes. Para começo de conversa, você e eu somos arquitetos, pintores e contadores de histórias. Não há necessidade de discutir sobre técnicas e estilos, porque todos os utilizamos segundo nossos instintos. Cada artista processa informações a seu modo.

Fazemos o melhor possível com as ferramentas que temos, que incluem o cérebro com que nascemos e o conhecimento que acumulamos. Com ferramentas inferiores, um escultor pode produzir um trabalho inferior. Com pouca iluminação ou com uma limitação de cores, qualquer pintor sentiria dificuldades. Mesmo assim, desafios costumam produzir obras empolgantes e inovadoras. A genialidade está na expressão inconfundível de cada indivíduo, independentemente das restrições.

Antes de falarmos sobre a natureza dos seus talentos, vamos conversar sobre a natureza em si e o surgimento do artista no reino físico. Você e eu nascemos em um mundo que realmente pode ser chamado de uma obra-prima. Você compreende isso, sem dúvida. A Terra é uma criação perfeita. Foram necessários bilhões de anos para este planeta evoluir até a maravilha que é. Nós também somos uma maravilha. Comparativamente falando, a humanidade é jovem, mas passou por uma impressionante evolução. E o processo continua, tanto para o planeta quanto para a espécie. Cada um de nós é uma obra de arte em transformação.

A maravilha que você é

Todos nós começamos a vida como seres autênticos; porém, a autenticidade vai desaparecendo conforme nos tornamos adultos. Ela se perdeu no lusco-fusco interminável, por assim dizer. Aprendemos a nos adequar às expectativas dos outros, a fingir e a ignorar o fingimento. No drama humano, a verdade costuma ser esquecida para dar espaço ao espetáculo. Porém, aprofundando-se na trama, a verdade espera para ser iluminada. Por trás de toda a produção, a verdade é aquilo que somos.

Assim como todas as pessoas, você foi concebido de forma miraculosa e se tornou humano em pouquíssimos meses. Os seres humanos se desenvolvem segundo o plano biológico da vida. A energia é a arquiteta, a artista. A energia cria matéria e direciona a evolução da matéria. A força incontrolável da energia fez com que você fosse concebido, nascesse e se refinasse em uma obra perfeita.

No momento da concepção, sua educação começou. Ainda no útero, você se aproximou dos mistérios da natureza humana, um desafio por vez. A vida é sua professora, guiando-o desde os primeiros momentos. Quando você encerrou a conexão física com sua mãe biológica, começou a aprender com o restante da humanidade. Conforme seu cérebro infantil amadurecia, ele passou a definir seu universo pessoal. Aprendeu a reconhecer sons, formatos, rostos. Em certo momento, alguém falou seu nome e você o reconheceu como seu. Alguém chamou sua atenção, formalizando o começo do aprendizado. Você imitou as palavras dessa pessoa e deu início ao processo de dominar um idioma.

A princípio, você não tinha noção daquilo que sabia ou não — e não se importava. Por que deveria? Você nasceu sem compreender o que via ou escutava, mas foi projetado para aprender. Aos poucos, descobriu como distinguir uma coisa da outra. Você diferenciou emoções e organizou o caos. Passo a passo, o inexplorado se tornou conhecido. Conforme seu sistema nervoso evoluía, você se tornou perito em solucionar um mistério após o outro.

A mente de todo artista é criada a partir de pedaços de conhecimento e memória. A sua mente se desenvolveu de acordo com as histórias que você escutou e as ideias que aceitou como verdadeiras. Enquanto isso, seu corpo continuou a ser guiado pela energia da vida.

Por volta dos 5 anos de idade, você foi para a sua primeira escola de mistérios longe de casa. Talvez tenha sido na creche ou no jardim de infância que aprendeu as regras de conduta humana com outras pessoas. Estudou as artes sociais, que ditam que "ser amigável" e "se encaixar" são comportamentos primordiais. Ensinaram você a dividir seus pertences e a ser legal. Lembretes constantes chegavam aos seus ouvidos: *Não chute! Não morda! Fale baixo! Espere sua vez!* Essas técnicas lhe ajudaram a se tornar um artista da diplomacia em um mundo de culturas contrastantes.

Na escola, você aprendeu a ler, a escrever e a lidar com números. Para uma criança pequena, esses eram mistérios descomunais — até deixarem de ser. Depois de um período de dificuldades e disciplina, os códigos começaram a ser decifrados. Você se tornou quase um mago, revelando mistérios ocultos e descobrindo dados inesperados. Um punhado de letras subitamente se transformava em uma frase, em um pensamento, em uma história — em um universo.

E os números! Os símbolos de 0 a 9 introduziram brincadeiras maravilhosas, soluções matemáticas e universos completamente novos. No início, os números eram contados apenas nos dedos de duas mãozinhas. Conforme a complexidade do seu cérebro foi aumentando, o mesmo aconteceu com o poder solucionador de problemas dos números. Partindo de dez dedinhos, seus cálculos alcançaram o infinito! Como você poderia ter imaginado algo assim quando começou a estudar?

Nos primeiros anos, você também se apaixonou pela música, 12 tons eram capazes de criar uma biblioteca infinita de sons. Lá veio essa palavra de novo: *infinito*. Infinito... Ilimitado... Sem fim. Todos os símbolos acabam cedendo a ela. Na verdade, quanto mais nos compreendemos, mais fácil é chegarmos à porta do mistério infinito.

Na educação infantil, você estudou ciências simples, com experimentos que revelavam alguns segredos básicos da vida. Aprendeu aos poucos sobre o mundo físico, e começou a compreender seu lugar nele e seu relacionamento com todos os seres vivos. Você fez tudo isso — somar, multiplicar, ler, cantar, experimentar — sem saber que estava treinando para se tornar um mestre. Naquele momento, assim como agora, você era o artista e a vida, sua parceira criativa.

Então veio o ensino fundamental, quando mistérios mais complexos surgiram. Você também foi surpreendido pelos segredos do próprio corpo. Puberdade! Mudanças físicas significavam mudanças emocionais — e mistérios ainda mais profundos. E essa aventura não terminou. Seu corpo continua mudando de diferentes formas. Você se ajustará às mudanças, até mesmo quando for idoso; porém, os mistérios do corpo, assim como os mistérios do universo, criam confusão e curiosidade por toda a vida.

Depois do ensino fundamental veio o ensino médio, depois a faculdade, talvez, e então um emprego e uma carreira. Toda nova escola e todo trabalho representaram uma cultura diferente. Cada um exigia que você aprendesse um novo idioma e desvendasse novos códigos. Eles exigiam que você se reimaginasse e se adaptasse a mudanças maiores.

Você consegue se lembrar desses momentos agora? Mudanças levam a mais mudanças, então talvez você nunca tenha reconhecido o quanto mudou em tão pouco tempo. Foi aqui na Terra que você aprendeu e amadureceu. Também na Terra que você desenvolveu seu livre-arbítrio e começou a tomar decisões de acordo com as próprias filosofias. Reuniu informações e experiências neste campus até se tornar, você também, um mestre e um professor. Não importa sua idade: as transformações continuam.

Sua biblioteca de conhecimento é sua universidade. Aquilo que você diz e aquilo que pensa são as leis que regem sua vida. Estando certa ou errada, sua mente — com todas as suas visões de mundo e opiniões — comanda tudo. A mente cria uma versão (ou, para ser mais exato, uma distorção) do universo real; observa o que existe e dá sentido a tudo do seu próprio jeito artístico. Ela recria aquilo que já foi criado pela vida — copia, reinventa. Como resultado, nós, humanos, construímos túneis, torres e pontes iguais aos que existem na natureza. Duplicamos o mundo natural e, de certa forma, o melhoramos.

Com o passar dos séculos, aprendemos a desvendar os mistérios básicos da física e a reconstruir a matéria. E fomos ainda mais longe: desafiamos os elementos. Batemos de frente com a gravidade. Ousamos voar e até a nos lançar ao espaço. Somos aventureiros, exploradores e feiticeiros habilidosos. Somos artistas e nossa arte estranha afeta todas as espécies na face da Terra.

Há muitos tipos de artistas frequentando esta universidade. Uns esculpem objetos de argila e pedra. Alguns entortam metais, entalham madeira, entrelaçam tecidos. Outros escrevem e revelam a condição humana através de palavras. Artistas criam através da imaginação. Eles constroem, sonham, inventam. E independentemente da sua habilidade específica, todos têm uma coisa em comum: eles atuam. Dramatizam. Encenam. Eles praticam a arte da interpretação dramática — e isso nos leva ao próximo assunto da semana.

O ator

Esta aula se concentra em um tipo específico de arte, que hipnotiza a humanidade há milhares de anos: a atuação. Ao longo da lição, trataremos da atuação mais a fundo; agora, daremos uma olhada rápida em como ela se conecta com você e com a sua realidade.

Somos todos participantes e espectadores do drama humano — você também. Você é um ator experiente, tendo passado por anos de treinamento sem perceber. É um intérprete e um apaixonado pelo teatro. Todos nós somos entusiastas das artes e todos temos talentos performáticos específicos, apesar de eles nem sempre serem reconhecidos por nós mesmos ou pelos outros.

Atuar é reagir. Estamos sempre reagindo e há mais de uma forma de fazer isso. Assim como um ator toma decisões diferentes em uma cena, você e eu escolhemos nossas reações favoritas. Digamos que eu tente chamar sua atenção lhe dando uma cotovelada. Você pode reagir com raiva e fingir se machucar. Ou você pode rir. Ou me dar um abraço. Ou não fazer nada, o que também é uma reação.

Reagir é uma escolha artística, não apenas estratégica. Você estuda essa arte desde que nasceu. A esta altura, prefere algumas reações a outras. Talvez até acredite que elas lhe definem. A atuação é uma habilidade aprendida e você a adquiriu antes mesmo de dominar um vocabulário. Antes de aprender as palavras, você dominou o comportamento. Antes de descobrir a existência de produções cinematográficas, você já era a estrela do seu próprio filme, encenando falas e atos.

Na infância, a maioria de nós desenvolveu um fascínio pela reação da plateia — e nunca superamos isso. Quando percebemos nosso talento para o drama, nos dedicamos ao ofício, condicionando nossos corpos a reagir às menores ofensas, às menores preocupações. Até silêncios cheios de significado são reações dramáticas. Fazer biquinho é uma performance. Para alguns atores, é uma marca registrada. E todas essas habilidades começam no início da vida.

Seu treinamento começou logo depois do nascimento, com a imitação dos atores que o precederam. Você fez isso para sobreviver — e para se divertir. Naquela época, sua plateia estava condicionada a aclamar todos os seus atos. Você sorria, e ela ria. Você arrotava, e ela comemorava. Você balbuciava incoerências, e ela aplaudia. O prazer que as pessoas sentiam ao vê-lo aprender a andar — e a começar a falar — era imensurável. Você fazia sucesso com todo mundo. Não demorou muito para seu espetáculo entrar em turnê, com você brincando de faz de conta com seus amiguinhos, trocando de papéis, mudando os enredos. Sem se dar conta, você treinava para o papel mais importante da sua vida, na peça mais longa a ocupar os palcos.

É óbvio que, conforme sua performance foi perdendo o frescor e a espontaneidade, seus fãs debandaram. Era inevitável que você começasse a ficar parecido com todo mundo. Depois de um tempo, as risadas se tornaram forçadas, as comemorações desapareceram. Mesmo assim, você seguiu em frente, adaptando o show às necessidades do momento e às expectativas da multidão. Você se manteve firme e continua assim.

Como qualquer ator profissional diria, é importante entregar uma performance convincente, não importa a reação da plateia. Não interessa se a audiência está engajada ou não — é preciso estar comprometido em fazer seu melhor. O público pode estar inquieto e barulhento ou ser composto por poucas pessoas. Talvez ninguém ria nos momentos certos nem se surpreenda quando você gostaria. Isso não deveria ter importância. Você não está se apresentando para os outros; está se apresentando para você mesmo.

Neste mundo, há centenas, milhares, milhões de *outros*. O mundo está lotado de críticos. Todos são seguidores de alguma coisa. Devotos de futebol, astrologia, moda, culinária. E fãs têm preferências e gostos próprios. Como saber o que uma plateia deseja? É possível agradar a todos?

"Desligar" a plateia é um desafio para a maioria dos intérpretes — afinal, todos os artistas são treinados para agradar. A felicidade deles sempre é condicionada a reações positivas de outra pessoa. Boa parte dos atores profissionais tem os mesmos medos que os amadores — isto é, você, eu e o restante da humanidade. Eles sentem medo de ser julgados.

Todos nós corremos o risco de sermos julgados diariamente. Todas as manhãs, saímos de casa para encarar uma infinidade de críticos. O mundo é um palco — e você é apenas um entre vários bilhões de intérpretes. Por sorte, a maioria deles está ocupada demais julgando a própria performance para prestar atenção na sua.

Atores profissionais, por outro lado, ficam sob os holofotes e são vistos por gente que está ali só para julgá-los. São examinados por pessoas anônimas sentadas no escuro, com expectativas altas e capazes de fazer julgamentos extremamente cruéis. Atores são atacados por críticos invisíveis e idolatrados por fãs desconhecidos. A reprovação pode acabar com o emocional deles. E, em certos momentos, quase acabou com o seu também, não é?

No passado, você se magoou com o julgamento de pessoas próximas. Então entende muito bem quais são os percalços de um artista. O medo de ser julgado é um obstáculo que todos enfrentamos, independentemente de nossos talentos. É algo que nos incomoda ao entrarmos em um palco ou no ambiente de trabalho. É assustador virarmos o centro das atenções junto com outros artistas habilidosos, que podem ser mais talentosos ou atraentes. Como se isso não bastasse, pense nas outras preocupações dos atores profissionais.

Para criar uma cena convincente, os atores precisam imaginar e lembrar. Precisam ter fé naquilo que fazem. Fé significa acreditar completamente em algo e uma boa história depende da nossa capacidade de acreditar nela. Então os atores acreditam. Todos acreditamos. Acreditamos no que dizemos e torcemos para que nossa plateia creia em nós. Nossas performances recebem emoções reais, então nossos corpos nem sempre sabem diferenciar fingimento de uma experiência verdadeira.

Todos já sentimos a dor do arrependimento. Passamos pelo horror do trauma inúmeras vezes. Feridas antigas vêm à tona quando as convocamos. Lembranças podem nos fazer mal e, mesmo assim, pensamos com frequência no passado, ainda que isso nos cause tristeza. É uma arte prática.

Atores profissionais invocam lembranças íntimas e incômodas das próprias vidas para dar realismo a uma cena. Eles costumam recriar momentos traumáticos para alimentar sua arte. Suas emoções são tão bem encenadas que a plateia fica hipnotizada e até desconfortável em certos momentos. Atores de teatro fazem isso em oito apresentações por semana, durante meses. Parece muito. Por outro lado, o restante da humanidade faz isso sem parar.

Oito apresentações por semana (incluindo matinês) não é nada para a maioria das pessoas. Provavelmente não é nada para você. Você não repete suas histórias favoritas o tempo todo, para o incômodo de todos ao redor? Não perde o sono à noite, sem plateia, revivendo os piores momentos de um dia? A maioria de nós imagina fracassos futuros. E você? Tem medo daquilo que o amanhã possa trazer? Sua mente passa o dia inteiro remoendo os piores cenários possíveis? Você acredita nos seus medos? Quanto maior for a crença de um ator, mais intensa é a reação da plateia — mesmo quando a plateia se resume a você, escutando a si mesmo no escuro.

O trabalho dos atores já é difícil o suficiente — apenas por precisar aprender suas falas, decorá-las e recitá-las de forma convincente. Além disso, eles lidam com problemas técnicos e públicos imprevisíveis. Perdem suas deixas e tropeçam no cenário. Assim como o restante de nós, eles fracassam na atividade que mais amam no mundo.

Talvez o maior desafio para um ator profissional seja voltar para o mundo fora dos palcos. Quando uma peça acaba, o ator precisa recuperar o equilíbrio emocional. Depois que as luzes do teatro são apagadas, os intérpretes precisam se reencontrar. Isso vale para todos nós. Todo dia, artistas — encanadores, políticos, professores (e você) — forçam o próprio corpo a ultrapassar seus limites emocionais. Você diz que não consegue se controlar, que é uma pessoa passional, mas paixão e drama são duas coisas diferente. A paixão é a verdade; o drama é o teatro. Este é um bom momento na sua evolução para entender a diferença e fazer uma escolha.

É difícil se afastar de uma cena intensamente dramática. Encontrar algum tipo de paz interior depois de uma briga leva certo tempo. Quando os ânimos se exaltam e nossas defesas entram em ação, a maioria de nós reage no automático. Os hábitos dominam a situação, então tendemos a repetir as mesmas ações quando sentimos medo ou raiva. Recitamos as frases de sempre. A linguagem corporal já está programada, então damos chutes, quebramos objetos ou batemos portas. Você dá um show previsível. Nós somos atores experientes, seguindo um roteiro antigo. "Não sei por que digo essas coisas", podemos refletir mais tarde; porém, a próxima performance é igual. Assim como as desculpas e justificativas também são.

Você é capaz de fazer mais do que apenas seguir direções de palco antigas. Pode reescrever o roteiro. Improvisar. A experiência é a base do que você diz e das escolhas que faz; porém, a imaginação também é. Assim como o engenho. Toda produção merece uma interpretação nova; todo ator anseia por uma abordagem diferente. Você, o artista, é capaz de fazer isso; pode expandir seus talentos e renovar suas paixões, pode buscar a verdade através da sua arte.

Conforme se desenvolvia como artista, você aprendeu muito sobre si mesmo. Descobriu seus pontos fortes e fracos, seus talentos e medos. Desde a época em que sentia medo do escuro, você aprendeu a fortalecer suas defesas. Aprendeu a aceitar críticas ou a rebatê-las. Aprendeu a fugir de conflitos ou a encará-los. Ao longo do caminho, você acumulou uma coleção de segredos, como todo mundo faz. Os segredos que guarda — especialmente de si mesmo — podem gerar mais medo. Com medo o suficiente, você acaba se tornando incapaz de subir em qualquer palco.

Se você teme iluminar a verdade com sua lanterna, permanecerá um enigma para si mesmo: o mistério que tem menos chance de resolver. Os medos da infância vão embora, porém os da vida adulta duram a vida inteira quando não são confrontados. Você consegue enxergar nos outros as mesmas coisas que vê em si mesmo. E *enxergar* é a essência da arte. Um artista cego continua tendo visão. É importante que artistas analisem a si mesmos. É importante que você faça isso. "O que eu vou encontrar?", talvez você se pergunte. "Que monstros preciso encarar? Como posso enfrentar a verdade?"

Conhecer a si mesmo de forma extensa nunca é o pesadelo que imaginamos — longe disso. Conhecer a si mesmo dá um novo fôlego ao caso de amor que começou na infância. Esse caso termina quando afastamos o olhar. Sentir amor verdadeiro por si mesmo é um acalento. É uma volta ao paraíso. E o paraíso é um ótimo lugar para você aprimorar sua arte.

Que diferença faz isso tudo?

Você já dominou tantos aspectos das artes cênicas. Agora, de forma consciente, pode passar seu foco para o domínio da arte de ser uma pessoa autêntica. Pode parecer impossível, mas não é.

Você já chegou nesse ponto de virada antes. Suas primeiras tentativas de andar foram um fracasso. Você cambaleou e caiu, mas estava tão determinado a aprender, a melhorar, que nada o intimidou. Com o tempo, aprendeu a se movimentar com equilíbrio e confiança. Talvez tenha dominado algumas habilidades atléticas e se sobressaiu na arte da fala e do drama emocional. Cada conquista melhorou sua vida e expandiu sua consciência.

A prática de qualquer arte faz o cérebro se expandir. Quanto mais ágil for o cérebro, mais fácil será desenvolver qualquer habilidade. Crianças que têm aulas de dança, música, pintura ou teatro recebem uma vantagem acadêmica. Elas também possuem a qualidade rara de abandonar pensamentos e se render ao impulso criativo, um talento que as beneficia em todos os aspectos da vida.

Que diferença faz conhecer seu artista interior? O artista reconhece que cada um de nós é um universo que vive dentro de inúmeros universos. Com um olhar artístico, você aprecia cores, formas e as vibrações da vida. De segredo em segredo, você vai se revelando, assim como faria com os mistérios da Lua, das estrelas, do Sol e da Terra. Peça por peça, você vai montando a imagem inteira.

O olhar artístico busca a beleza. Ela é a graciosidade que impulsiona você pelo mundo, a gratidão que você sente quando está verdadeiramente inspirado. Beleza é aquilo que encontramos em uma frase bem escolhida, no presente de um sorriso, no respeito que uma pessoa demonstra pela outra. Todo ser vivo possui a própria forma de beleza. Todo corpo físico é uma obra de arte.

Sua mente é um soprador de vidros, moldando um mundo delicado para o seu corpo ocupar. É importante que você torne esse mundo em algo transparente e visualmente agradável, transforme-o em um sonho cheio de beleza e propósito, a partir do qual outros se inspiram. E não podemos nos esquecer do seu dom mais artístico: a genialidade das palavras.

Familiarizar-se com o idioma que você fala, o idioma que existe sob medida para você, não é uma tarefa fácil. Você tem sua própria maneira de usar as palavras, seja para inspirar ou ferir. Você escolhe o humor e o tom por trás das sílabas que fala. Nunca é tarde demais para reconhecer a voz dentro da sua cabeça, sempre incentivadora, sempre fazendo previsões. Essa voz é sua. Ninguém mais a controla.

Escute bem as mensagens que se repetem. Elas representam quem você é ou como quer parecer? Talvez a voz que você escuta tenha pertencido a outra pessoa em um momento no passado, alguém que você tentou imitar ou agradar. Talvez você esteja velho demais agora para encenar papéis passados, ou sábio demais. Você pode abandoná-los quando quiser, deixar de lado os velhos hábitos e ignorar o eco de monólogos antigos na sua cabeça. Se quiser, você pode simplesmente *ser*.

Como eu começo?

Seria estranho viver em sociedade sem interpretar um papel? Talvez você sinta como se estivesse entrando desarmado em um campo de batalha. No começo, pode parecer estranho apenas observar e se divertir, ignorar reações e impulsos antigos, e apenas ouvir. Ouvir é um grande desafio, até para um ator experiente, mas é uma atividade que revela respostas para muitos mistérios. Você pode descobrir verdades fascinantes sobre outros artistas. Talvez até aprenda a compreender sua própria espécie. Sem dúvida, você descobrirá mais sobre si mesmo.

Escute. Observe. Confie na vida, com todas as suas excentricidades. Encontre formas de se expressar mais completamente. Use sua voz para cantar a música da vida e falar sua linguagem. Siga o próprio caminho, ao mesmo tempo em que respeita o dos outros. Deixe de lado suas defesas e ria dos seus medos.

Em vez de repetir aquilo que os outros dizem, alimente sua individualidade e espontaneidade. Aceite as situações conforme elas se apresentam e reaja com sinceridade. Talvez você já faça isso. Você aceita o inesperado? Consegue lidar com decepções de forma graciosa? Se a resposta for não, faça com que esses sejam seus novos objetivos.

Amplie os horizontes da interpretação dos papéis que você representa. Você criou um personagem para apresentar ao mundo e, de certa forma, permitiu que ele desenvolvesse sombras sutis e características adaptáveis. Em outros pontos, você perdeu flexibilidade: certos atributos se tornaram rígidos e imutáveis. Em vez de desenvolver uma preferência por beleza e um talento para amar, você tem momentos em que se sente fechado e desconfiado. Em outros, se esquece dos seus entes queridos. E, com mais frequência do que deveria, é negligente com seu aliado mais precioso: seu próprio corpo.

O corpo é uma obra de arte por si só. Você pode achar que ele é grande, desajeitado ou lento. Talvez ele pareça magro ou fraco, mas ainda pode ser guiado com confiança e estilo. Como você entra em um cômodo? Você espera ser rejeitado ou exige respeito? Observe e esteja disposto a mudar. Se não fosse pelo corpo, você não teria a oportunidade de participar do espetáculo humano e não teria a chance de expor nenhuma forma da sua arte.

Atores profissionais costumam passar por anos de treinamento. Eles se movem de forma cuidadosa. Aprendem a dançar e se exercitam. Como a voz de um ator é fundamental para sua arte, eles cuidam dela. Aprendem a projetar sua voz e a respirar de forma eficiente. Fazem aulas de canto. Praticam exercícios vocais e trava-línguas. Cuidam bem das suas ferramentas.

Assim como o de qualquer ator, o seu corpo é um instrumento essencial. Ele é uma obra de arte excepcional, mas também pode criar arte. Sem o corpo, não existe ator e não existe performance. Seu corpo se encontra com o mundo por você. Ele toca a música que você quer transmitir, conta a história que você quer contar. Ele produz as emoções, conjura palavras, briga, seduz — e, sem dúvida, ele cria. Seu corpo gera vida e muitas de suas réplicas. Ele transforma pequenas ideias em objetos de beleza e poder.

Então, a sua educação como artista começa com a atenção ao corpo. A pergunta mais básica que você deve fazer a si mesmo é: "Como posso cuidar melhor dele?" É provável que você não trate o corpo como o instrumento precioso que ele é. É ainda mais provável que você não o valorize. Dificilmente você tira tempo para agradecer ao seu corpo ou lhe dar um carinho ocasional. Talvez nem pense no seu cérebro, o órgão mais complexo e o centro de toda a sua criatividade.

O que você pode fazer? Melhorar momentos rotineiros, dando atenção ao seu corpo. Dê a ele os incentivos de que precisa — isso significa falar, como também tocar. Demonstre o quanto ele é querido. Valorize seu corpo físico da mesma forma que um violinista clássico valoriza um Stradivarius. O corpo é o seu parceiro mais íntimo. Assim como acontece em qualquer boa parceria, cada um é responsável pelo bem-estar do outro.

Artistas refletem sobre a vida, e a vida é evidente em tudo que é visto e escutado. Não deixe passar nada. Não julgue nada. Permaneça aberto e tolerante a tudo. Mude a maneira como você encara o mundo. Permita que coisas pequenas causem impacto. Observe as características amáveis de um desconhecido. Encare um velho amigo com novos olhos. Repare nas maravilhas da natureza.

Aprenda a enxergar sob todos os pontos de vista. Use a perspectiva, a ferramenta secreta de todos os artistas. Esteja ciente dela, assim como do seu corpo, do seu cérebro, da sua voz. E não se esqueça de como usar suas *palavras*.

Segundo dia:
A linguagem

"Quando uso uma palavra", disse Humpty Dumpty em um tom muito desdenhoso, "ela tem o significado que eu escolho, nem mais, nem menos."

— Lewis Carroll

Bom dia! Espero que você tenha dormido bem e que seus sonhos tenham ajudado no processo de aprendizado! Mesmo agora, sob o brilho da manhã, você continua sonhando. Você imagina e interpreta. Conforme o som das minhas palavras alcança seus ouvidos, você presume o significado delas. "Tudo bem, entendi", talvez diga antes de partir para algo diferente. Em vez disso, imagine como elas se aplicam à sua vida. Imagine reagir a situações de formas inusitadas, porque você sonhou com as minhas palavras de um jeito novo.

Ao se imaginar tomando uma única atitude diferente, ou ao encarar uma única coisa de um jeito que jamais tenha cogitado, você muda um pouco, evolui. Você expande sua perspectiva normal e cria uma realidade levemente distinta para si mesmo, como os grandes artistas fazem. Talvez você não se considere um artista; porém, mesmo assim, seu objetivo é criar. Você encara o mundo à sua maneira e compartilha essa percepção única por meio da sua arte.

Todo mundo está destinado a criar uma história, por exemplo. Você cria histórias, sempre criou. Desde muito pequeno, aprendeu a dar nomes para tudo. Foi treinado para aplicar todas as suas experiências ao desenvolvimento da sua história. Os outros lhe ensinaram quem você era e quem foram seus ancestrais. Você recebeu um passado e também um sonho do futuro. Ouviu uma série de lendas e logo se tornou um contador de histórias por conta própria.

A sua história pessoal foi se desenvolvendo com o tempo, inspirando todas as reações emocionais possíveis — alegria, desespero, e tudo mais entre esses extremos. É uma história sobre o artista, contada pelo artista. Você está no centro do universo que criou. A sua história é diferente de todas as outras; porém, como acredito que você já tenha percebido, todas as histórias têm elementos importantes em comum.

Todas possuem um protagonista — um personagem que mostra o mundo através dos seus olhos para o leitor. Você criou esse personagem para si mesmo e compartilha seu ponto de vista com qualquer pessoa ao seu redor. Todas as histórias têm heróis e vilões. Tenho certeza de que a sua tem. Todas as histórias têm apelo emocional. É provável que você tenha percebido que as pessoas reagem melhor às suas histórias quando os momentos dramáticos são um pouquinho mais exagerados. É óbvio que nada disso importa, a menos que você e seus ouvintes falem a mesma língua. Que diferença faz uma história, por mais dramática que seja, se as palavras não fazem sentido para quem a escuta?

Os alunos no campus do mundo falam muitos idiomas diferentes. Eles se comunicam na linguagem que aprenderam com os pais na infância e aprendem a falar a língua da arte que escolheram. Muitos optam por aprender o idioma de outros artistas e outras culturas. Independentemente de se considerarem professores ou não, com o tempo, todo artista acaba ensinando aos outros. Não importa se eles se consideram artistas ou não: eles estão criando uma obra-prima desde que chegaram.

Sem a linguagem, você e eu teríamos dificuldade para nos comunicarmos de forma eficiente. É lógico que podemos rabiscar formas na terra ou pintar paredes. Podemos gesticular e apontar. Seria inevitável que bolássemos um sistema de sons e esses sons se tornariam mais elaborados com o tempo. Conforme nossas habilidades idiomáticas foram se desenvolvendo, buscamos maneiras de explorar ideias mais abstratas. Tentamos comunicar sentimentos. Desejamos explicar as coisas que víamos.

Foi assim que a linguagem começou para nossa espécie. Nós incorporamos um som, depois outro e mais outro, seguindo um pacto mútuo. Um idioma é baseado em acordos. Você e eu decidimos que tal som tem um significado específico, e assim por diante. É desse jeito que a linguagem funciona até hoje. Se você acha que uma palavra tem um significado em particular, e eu a interpreto de forma diferente, nossa comunicação fracassa. Divergências levam a mal-entendidos e até o menor deles pode levar ao fim de todas as comunicações.

Quando chegamos a um consenso sobre o significado das palavras e apreciamos escutar uns aos outros e compartilhar ideias com alegria, a comunicação melhora. Nós desenvolvemos habilidades artísticas. A linguagem é uma maravilhosa forma de arte viva. Os seres humanos podem não ser a única espécie que pratica essa arte, porém somos mestres dela. Seria impossível contar a quantidade de idiomas que a humanidade desenvolveu desde seus primórdios, quando homens e mulheres desenhavam na terra e pintavam animais em paredes de cavernas.

Como você e eu aprendemos a falar o idioma do nosso povo? Chegamos ao mundo como bebês indefesos, sem qualquer habilidade idiomática além de gritos incompreensíveis e chutes. Conforme nossos cérebros se desenvolveram, aprendemos a distinguir sons. Devagar, de forma constante, começamos a interpretá-los e, com o tempo, a imitá-los. Isso aconteceu aos poucos, mas de um jeito fácil, natural. Nós fomos destinados a nos tornar artistas das palavras.

Você sabe a importância das mímicas no desenvolvimento infantil. Quando bebê, você ouvia os sons que seus pais e irmãos faziam e tentava copiá-los, sílaba por sílaba. Você também observava ações e maneirismos. Com muita prática e repetição, o bebê se tornou o mestre.

A primeira coisa que você deve ter notado na infância é como as pessoas falam sem parar. Elas falam sobre si mesmas e fofocam sobre as outras. Na verdade, a fofoca é a língua universal da humanidade. Adultos fofocam, crianças escutam. Elas logo entram no embalo. Não demora muito para começarem a fofocar com os amigos e zombar de crianças diferentes delas. Esse processo é fácil e natural. Conforme observam os pais interagindo socialmente, os pequenos também aprendem uma linguagem emocional sutil.

Tendemos a reagir de forma emotiva (e até dramática) àquilo que escutamos e vemos. Palavras mais duras magoam e demonstramos isso. Palavras mais elogiosas criam prazer e o externamos. Também demonstramos decepções, indignação e raiva. Somos bons nisso; estamos praticando desde que nascemos. Exibimos expressões faciais. Gritamos e berramos. Brigamos e, então, arrependidos, fazemos as pazes. Tudo isso faz parte da nossa arte. As crianças aprendem essas habilidades com especialistas.

A alegria é transmitida de um jeito próprio. A ansiedade também, assim como a tristeza. O corpo humano fala uma série de idiomas, que as crianças assimilam desde muito novas. Elas percebem e imitam; observam, aprendem e dão seu toque especial à arte. Técnica, genialidade e estilo pessoal: essas são as características de um grande artista. E não há dúvida de que você é um deles. Nós dois temos genialidades diferentes, porém ambos somos mestres em ser *quem afirmamos ser*.

Independentemente da sua vocação, é provável que você se comunique de forma parecida com a de seus colegas. Se você mudasse de carreira, talvez soasse um pouco diferente — porque cada profissional fala um dialeto distinto. Médicos não se comunicam como fazendeiros. Advogados não falam como baristas. Cada profissão tem uma cultura própria. Uma mudança de lugar significa uma mudança de conversa. Quando você vai para o outro lado do país, escuta idiomas desconhecidos. Fora das fronteiras da sua nação, a língua e a cultura mudam. Essas diferenças são o suficiente para alterar sua realidade.

Imagine a humanidade como uma grande horta, com uma variedade de plantas que oferecem uma série de benefícios. Há aquelas que confortam, que curam ou que agitam, porém todas funcionam basicamente do mesmo jeito. Elas exigem os mesmos elementos básicos para existir. Assim como nós. Porém, apesar de os humanos funcionarem da mesma forma que a maioria dos seres vivos, eles também falam. Eles usam símbolos — palavras escritas, sons e gestos físicos — para se comunicar. A língua não é apenas uma parte necessária da sobrevivência humana, como também é nossa arte impressionante.

Decifrando o código

Seres humanos usam códigos, ou um conjunto específico de símbolos, para se comunicar. Alfabetos são um exemplo. Inúmeras palavras podem ser criadas a partir de poucos símbolos; essa é a magia da linguagem. Transmitir uma ideia ou um sentimento em algumas sílabas faladas é uma arte enigmática. A maneira como o cérebro faz isso acontecer é uma questão digna de outra universidade de mistério, mas, por enquanto, vamos falar sobre os códigos que deciframos há muito tempo.

Todas as variações do alfabeto latino consistem em até 26 letras, começando com A, B, C. Ao misturá-las, você encontra uma língua viva, sutil e adaptável — e que se mostrou duradoura ao longo das eras. A fórmula é a mesma em todas as culturas: um punhado de símbolos que podem ser reorganizados para criar inúmeras palavras e frases, tornando a comunicação humana complexa e poderosa.

E então existe a linguagem dos números. Contando com o zero, há apenas dez símbolos nesse código — tão poucos, mas com uma capacidade infinita de calcular e quantificar. Fórmulas matemáticas oferecem soluções para os maiores mistérios da vida. A matemática permitiu que a humanidade construísse cidades e impérios. Ela ajudou a curar doenças e nos lançou no espaço. O 1 e o 0 definiram a era dos computadores, para sempre transformando a comunicação. Os números oferecem novas maneiras de contar uma história e desvendar os mistérios mais confusos da vida.

A música também é uma linguagem por si só: 12 notas (ou tons) podem ser organizadas de forma infinita para produzir inúmeras frases musicais. Podemos compor uma canção, gravá-la e tocá-la quantas vezes quisermos, para nosso prazer constante. Sim, a música é um prazer para os sentidos. Batidas musicais pulsam por todas as matérias. Desde a época dos humanos primitivos, a música teve o poder de instigar emoções e abalar sociedades. Ela definiu nossos valores atuais e documentou nosso passado.

Já mencionei três códigos básicos: palavras, música e números. Podemos chamá-los de A-B-C, 1-2-3 e Dó-Ré-Mi. Todos os três trabalham juntos em uma mistura de matemática e emoção. Sem matemática — a contagem rítmica de batidas por frase — não há melodia. Sem palavras, a melodia não consegue contar uma boa história. A paixão de alguém é cantada em cada poema, e cada conversa carrega um ritmo. E tudo isso é somado em uma arte performática.

Nós nos apresentamos com habilidade e consciência, ou não: colocamos palavras na música correta, mas também podemos soar desafinados; nos comportamos como amadores, e então agimos com uma precisão artística. A arte é subjetiva, pessoal e está em constante transformação.

A partir de palavras, desenvolvemos livros, peças, filmes e um apego duradouro — com elas criamos e apreciamos a beleza, mesmo que ninguém nunca tenha nos incentivado a fazer isso. As palavras empolgam e reconfortam. Assim como qualquer expressão artística, elas também podem criar divergências — elas são capazes de produzir medo e animosidade.

Temos um relacionamento curioso com símbolos, ao que parece. Podemos usá-los de forma positiva ou negativa, mas não temos muito talento para notar a diferença. Sentimos dificuldade em decifrar nossos próprios códigos emocionais.

Pense no papel que você interpreta. Como o seu personagem usa as palavras para se comunicar com os outros? Como o seu personagem se comunica consigo mesmo? As suas palavras apoiam um ponto de vista negativo? Elas são usadas para criticar, reclamar e às vezes até zombar do falante?

Você pode achar que soa positivo e tolerante, mas escute seus pensamentos; talvez eles não pareçam tão bondosos. Você acha que é uma pessoa alegre, mas sua testa franzida transmite outra sensação. Pode jurar que é uma pessoa carinhosa, mas sua linguagem corporal mostra que não é. Você se afasta dos outros, evita contato direto e gestos afetuosos. Não estou fazendo uma acusação: são apenas exemplos de como enganamos a nós mesmos. Nossa autoimagem costuma bater de frente com nossas palavras e ações.

O corpo fala uma linguagem própria. Ele conta segredos que a mente não está disposta a revelar. Nossos humores e gestos transmitem mensagens independentemente de nós, e costumam ser mais eloquentes do que palavras. O seu rosto "fala" mesmo sem você emitir qualquer som. Diante de uma crítica, a boca se aperta. As sobrancelhas se erguem. Os braços se cruzam em reação a uma ameaça velada. Os punhos se fecham. Os ombros sobem e descem em um julgamento silencioso, e os joelhos balançam com impaciência. A cabeça se inclina, vira ou se abaixa, fugindo de possíveis controvérsias. Quem precisa de uma voz quando o restante de você é tão emocionalmente transparente?

A maioria das pessoas guarda os pensamentos para si, mas isso não significa que suas emoções sejam difíceis de reconhecer — e de assimilar. Em uma peça, um ator nos oferece sua interpretação das motivações de um personagem. Qualquer plateia é capaz de compreender essa linguagem. Em um livro, os pensamentos e sentimentos de um personagem são descritos em detalhes, e o leitor entende. Pense na arte que acontece ao seu redor. Todo mundo declama um monólogo silencioso. Todos se apresentam sem falar. Seus rostos dão dicas. Suas narrativas mentais são desconhecidas para você, mas as mensagens são compreendidas da mesma forma.

As emoções correm por baixo de tudo — elas são químicas, sutis, porém mais fáceis de interpretar do que discursos. E exercem uma atração magnética. Nós nos sentimos naturalmente atraídos pelo drama emocional dos outros. E não nos fazemos de rogados ao puxar os outros para os nossos próprios dramas. Todo mundo gosta de uma boa história, e as pessoas que dão vida a ela são carismáticas. Elas emocionam multidões. O público quer sentir e também quer que seus sentimentos sejam refletidos — ele quer que alguém se sinta tão mal, ou talvez pior, do que ele. Quer uma dose de drama e um gostinho do suporte emocional que se lembra de ter recebido na infância.

Está vendo? Você consegue apreciar aquilo que faz — aquilo que todos aprendemos a fazer? Se você for capaz de ver uma coisa, será capaz de mudá-la. E a transformação pessoal começa pelas menores mudanças. Você tem tempo para aprimorar sua arte enquanto caminha por este campus, então aproveite cada oportunidade. Olhe mais de perto, escute com mais atenção: ainda restam tantos mistérios a serem resolvidos!

É óbvio, você já aprendeu muito sobre si mesmo. A esta altura, com certeza já reconheceu sua própria habilidade artística. A forma como pensa, como fala, como usa as palavras — e, sim, como movimenta seu corpo — estão todas sob o seu controle. Certo? Ninguém mais escreve os seus roteiros. Ninguém nos bastidores sussurra as falas que você deve repetir ou manda você sorrir, dar de ombros, revirar os olhos; é você quem toma essas decisões... ou não?

O seu comportamento é tão automático que talvez você nem perceba boa parte do que faz e diz. Talvez nem sinta curiosidade sobre essas coisas. Você decorou suas reações da mesma forma como memorizou músicas populares e tabelas de multiplicação. E, agora, talvez essas respostas mandem no seu comportamento. Talvez você tenha sido traído pela língua, e as palavras saiam da sua boca inesperadamente, causando um monte de problemas. Se for o caso, o que aconteceu? O artista se tornou preguiçoso? O músico jogou a toalha?

Quando foi a última vez que você prestou atenção em si mesmo e questionou o que estava dizendo? Com que frequência você faz uma observação nova — ou fica em silêncio, em vez de dizer algo previsível? Você ousa se corrigir ou admitir que não tem a menor ideia do que está falando? Já tentou interromper uma linha de pensamento desgovernada? Ou, melhor ainda, já tentou impedir que os pensamentos saiam da linha?

Opiniões externas não deviam controlar sua maneira de pensar. Preste atenção, e assim você pode mudar a maneira como reage. Você é capaz de descartar algumas crenças ultrapassadas e acabar com os monólogos que se repetem na sua cabeça. Você é capaz de ter experiências agradáveis *e* desagradáveis, e ainda permanecer emocionalmente estável.

Conforme você percorre o campus, pode ensinar alguns truques novos para sua mente. Ela deveria ser flexível; ela consegue abandonar hábitos insistentes e ceder a novas ideias. Incentive-a a rir de si mesma. Permita que ela aprecie a beleza e respeite todas as coisas. Não deixe seus medos ganharem força.

Não se trata de se tornar um ator mais habilidoso; mas de se tornar um ser humano melhor. De anuviar parte da neblina mental e dar a si mesmo novas oportunidades de enxergar: se você for capaz de ver uma coisa, será capaz de mudá-la.

O excesso de audições

Para conseguir um papel como ator, é necessário fazer testes para papéis específicos. Você recebe um roteiro e precisa interpretar uma cena em um ambiente desconfortável. Pode parecer que você passou a vida fazendo testes assim — ou que você passou tempo demais se preparando para o seu próximo papel.

Você mudou de um círculo social para outro desde seus primeiros dias. Lembra? Cada situação era um tipo de teste, uma forma de exibir seus talentos. Cada nova circunstância exigia que você agradasse alguém ou resolvesse conflitos pessoais. Toda sociedade tem sua própria universidade do mistério.

Conforme você se formava em um curso e se matriculava em outro, regras diferentes se aplicavam. A cada mudança, era necessário fazer amizade com novas pessoas e aprender seu idioma. O desafio de manter uma boa comunicação pode ter se tornado mais difícil, porém as recompensas também aumentaram.

Em seu âmago, a comunicação reflete uma necessidade pela verdade. Você, assim como todo mundo, espera ser compreendido e fazer conexões reais com as pessoas. Quer que suas palavras sejam mensageiras fiéis da sua intenção, mas elas podem fracassar. Palavras são símbolos; elas só podem descrever aquilo que existe até certo ponto. Elas sugerem. Elas deixam implícito. As palavras fingem ser coisas de verdade — porém, como você já sabe, é mais fácil elas mascararem a verdade do que a revelarem.

Você conhece pessoas que se escondem por trás de uma muralha de palavras, e também sabe como usar a linguagem para iludir e enganar. Você recita falas, nega e exagera. Com frequência, contar mentiras parece o melhor método para lidar com as pessoas. No passado, as mentiras podem ter sido uma defesa contra provocações. Elas defenderam você da verdade cruel e forneceram álibis nos momentos em que sentiu medo. Mas e o futuro? Por quanto tempo mais as mentiras serão capazes de ajudar você?

Ninguém deveria precisar passar por testes eternamente. Não há motivo para temer o julgamento das pessoas ao seu redor. Os amigos que você encontra em suas caminhadas pelo campus estão distraídos com os próprios medos. Eles querem se encaixar, assim como você. Eles também querem se aproximar de pessoas corajosas e autênticas, então o fato de alguns terem escolhido a sua companhia não deveria ser surpreendente. No entanto, permaneça ciente da energia que você gasta tentando ser igual a eles.

Todos nós somos capazes de inspirar as pessoas. Somos inovadores, artistas, contadores de histórias e tecedores de sonhos. Gostamos de solucionar charadas bobas e explorar mistérios profundos. Não importa de onde viemos, seguimos rotinas iguais. Uma mulher falando kirundi em uma feira em um país da África diz as mesmas coisas que as mulheres em feiras de todo o planeta. Ela negocia frutas e legumes frescos. Fofoca sobre a família do vizinho. Ela dá bronca nos filhos quando se comportam mal e os consola quando eles adoecem. Depois que anoitece, ela sussurra palavras de desejo para o marido. Ela compreende o vocabulário do amor e como colocar suas necessidades em palavras.

Todos temos coisas em comum, mas viemos ao mundo como indivíduos. Encaramos cada desafio de forma diferente e com um estilo próprio. Caminhamos por nosso pequeno palco com um ritmo específico. Falamos com uma voz que nos distingue de outros artistas. O mundo celebra aqueles que não têm medo de ser especiais.

O seu presente para a humanidade é permanecer verdadeiro e inabalável. A sua contribuição mais valiosa é a autenticidade. A sua busca mais magnífica é pela verdade, não importa se você caminha por uma feira, por um campus ou por um palco.

Que diferença faz isso tudo?

Novamente, você pode estar se perguntando: "Que diferença isso faz para mim?" Bem, como um estudante da arte, você quer tomar decisões empolgantes, e que todos os seus esforços criativos revelem alguma camada de verdade. As ferramentas necessárias estão ao seu alcance: seu corpo, suas palavras, sua voz. A qualidade da sua arte depende de como você aplica essas ferramentas. A felicidade depende da maneira como a arte reflete sua visão.

Hoje, nosso foco é a palavra falada. Como você escolhe essas palavras? Você diz aquilo que quer dizer e quer dizer aquilo que diz? As palavras são as ferramentas do seu ofício. Elas obedecem às suas intenções? Caso a resposta seja negativa, pense em como elas podem se tornar mais úteis. Você pronuncia as palavras e escolhe o tom. Mas presta atenção nesse processo? Você monitora seus pensamentos ou eles passam na sua frente? É possível melhorar seu relacionamento com as palavras ao selecioná-las de forma consciente e criativa.

Um ator interpreta símbolos e dá vida a palavras. Todos nós fazemos isso. Interpretamos símbolos, pronunciamos as palavras de forma a sugerir o que sentimos. Palavras não passam de coisas mortas que ganham vida através da imaginação. Ditas com intenção, elas conseguem mover corações e mudar mentes. As suas palavras — faladas ou não — têm o poder de mudar você. Assim como nos prendem a um papel, elas podem nos abrir e expandir a visão que temos de nós mesmos.

Com frequência, palavras apenas preenchem silêncios. Você não precisa repetir frases bobas ou declamar as mesmas falas do mesmo jeito, como se tivesse decorado um roteiro. Ao prestar atenção e se certificar de que suas palavras representam sua realidade agora, é possível se tornar um comunicador melhor. Você pode ter se acomodado em um estilo de atuação, mas existem outros métodos a serem explorados. Se você esqueceu suas técnicas de conforto, é possível redescobrir a autenticidade.

Você pode falar como se suas palavras fossem sagradas, assim como as dos maiores mensageiros da humanidade.

Na sua história, você é tanto o mensageiro quanto a mensagem. Você cria um ambiente para outras pessoas habitarem. A maneira como se comunica pode melhorar vidas ou destruir novas paixões, expandir possibilidades ou limitá-las. Tudo isso depende das suas decisões.

O campus desta universidade é vasto e cheio de opções empolgantes. Assimile tudo. Percorra os caminhos principais e se diferencie de outros artistas. Com a sabedoria que vem da experiência, você se sentirá mais confiante; com a confiança, se tornará mais disposto a correr riscos e se impor. Se as inibições da infância continuam assombrando sua vida adulta, você não está acompanhando sua própria evolução.

Como dever de casa para esta aula, quero que crie tarefas originais. Você é o maior especialista sobre si mesmo: sabe quais são suas reações mais previsíveis, suas palavras e expressões favoritas, suas histórias mais emocionantes. Você também sabe quais são seus gatilhos e mecanismos de defesa, como evitar julgamentos ao julgar a si mesmo primeiro. Você sabe melhor do que ninguém como o seu personagem se comporta. Então estude a si mesmo. Divirta-se, experimente sentimentos novos e desafie-se.

Reflita sobre o seu diálogo interior de vez em quando. Como ele soa de um dia para o outro? Que reações gera? Talvez você consiga passar um dia inteiro — uma semana, um mês — sem escutar a voz na sua cabeça. Quando ela não receber atenção, a barulheira desaparece. Para qualquer artista, é importante se sentir confortável com o silêncio e estar disposto a deixar a vida transbordar.

O que mais eu posso fazer?

Todos nos beneficiamos ao pesquisar sobre colegas artistas. Podemos aprender a observar outras pessoas sem comentarmos ou julgarmos. Podemos analisar suas reações a acontecimentos diários e perceber como nos comportamos de forma parecida. Podemos sentir seu ritmo, ouvir sua linguagem, perceber a mensagem escondida por trás de suas palavras.

Quando você desenvolve um talento para escutar os outros, melhora a forma como escuta a si mesmo. Você pode se perguntar: "Qual é o meu tom e o meu estilo?" E então vá além. "Qual é a minha mensagem?", você pode se perguntar. "Que tipo de artista eu realmente sou?" Perguntas como essas inspiram novas descobertas.

Um relacionamento recompensador com a vida começa pela confiança em si mesmo. Ela surge com a apreciação pelos instrumentos — o corpo, o cérebro — e ao permitir que eles toquem uma canção autêntica. Esqueça as técnicas que você aprendeu no passado. Não se preocupe em lembrar os versos. Se você prestar atenção no presente, as palavras certas virão no momento certo.

Todos nós ficamos empacados. Não conseguimos nos desvencilhar de histórias passadas, porém é possível quebrar o feitiço. Passar a limpo o passado pode ser a melhor forma de desafiar crenças obsoletas. Faça isso do jeito que você preferir. Comece pelo início — ou pelo fim, ou pelo meio. Seja qual for a maneira escolhida, você encontrará alguma resolução emocional, uma perspectiva, além de expor segredos enterrados e rancores antigos, juntamente com situações que perderam a utilidade e o propósito.

Não parta do princípio de que a sua vida não foi cheia de maravilhas. Não subestime o papel que você teve no próprio destino. Conte sua história de forma objetiva, demonstrando respeito por cada personagem — acima de tudo, respeite o herói, o protagonista. As escolhas feitas por esse personagem não foram boas nem ruins; o enredo não deu certo nem errado. Não há nada a ser julgado e tudo deve ser perdoado. Um artista compreende isso e encara cada assunto com compaixão.

Outro exercício interessante é imaginar a si mesmo como um dramaturgo, estrelando sua própria peça. Você conta a história, e é também o ator principal, a atração da festa, a reviravolta intrigante, ou o personagem que redireciona a história. Você é tudo de mais impactante, maravilhoso e tranquilizador. Não importa como a plateia reage; o que faz diferença é o entusiasmo e o amor pelo que você faz. Interprete para você mesmo — sim, seja ousado dessa forma.

Tente se recordar de um evento importante na sua história. Então, imagine o seguinte: suas falas são improvisadas, não decoradas. Cada movimento e gesto são instantâneos. Como isso mudaria a cena? Como a sinceridade simples afetaria o restante do enredo? Não tema o passado; aprenda com ele. Dedique-se a encher futuras cenas com a verdade.

Você é um estudante da arte, um pintor, e a tela é a sua vida; você é um músico, e a sinfonia é você; você é um romancista, um compositor, um escultor. Como você cria uma obra-prima?

Para começar, é preciso respeitar a sua arte, independentemente das peculiaridades. Confie na sua visão. Veja beleza em tudo e pinte-a. Ame a arte que é você, e fale nas linguagens mais simples do amor.

Terceiro dia:
A atuação

Tudo que acontece conosco, inclusive as humilhações, os infortúnios — tudo nos é dado como matéria-prima, como argila, para podermos moldar nossa arte.

— Jorge Luis Borges

Olá! Seja bem-vindo nesta nova linda manhã! O céu está azul, e o clima é animado. Dá para perceber que o dever de casa lhe deu ânimo para aprender mais. Nascemos para nos maravilhar e imaginar. Mistérios são feitos para ser desvendados. Hoje, vamos mergulhar um pouco mais fundo no mistério do ator. Pronto?

Nós, seres humanos, temos a capacidade de dar vida às nossas visões e compor o clima e a música de nossos dias. Para isso, precisamos interpretar nossos papéis principais. Aprendemos comportamentos sociais, imitação e habilidades idiomáticas no começo do nosso desenvolvimento, e todos esses elementos se unem para nos tornar os artistas que somos. Este curso não pretende ensinar atuação (você já é um mestre), mas, caso você queira dominar a arte da vida, seria bom reconhecer o seguinte:

Você atua o tempo todo.

Você acredita nos papéis que interpreta.

Você acredita nos papéis que outras pessoas interpretam.

É simples. Caso você pense "Espera aí. Isso me ofendeu!", eu diria que está interpretando o papel de uma pessoa ofendida. Caso você diga "Concordo que a maioria das pessoas é falsa, mas eu não sou. Nunca finjo nada!", eu responderia que está tudo bem. Você é uma pessoa autêntica, mas o personagem que encarna (no trabalho, em casa ou até sozinho) não é.

A maioria de nós adora assistir a comediantes imitando outras pessoas. Então por que é doloroso quando alguém diz que estamos imitando os outros? Tornamo-nos parte da sociedade humana por meio da imitação. É assim que aprendemos a nos apresentar e promover.

Somos, em grande parte, uma cópia das pessoas que nos criaram. Copiamos muitos amigos ou entes queridos. Irmãos não são parecidos apenas por causa do DNA; eles se assemelham porque aprenderam os mesmos gestos das pessoas que os geraram, os mesmos padrões de discurso, e mais como moldar sua boca ao redor de sílabas, como rir, brigar, persuadir. Aprenderam como encantar ou como irritar. Eles fazem tudo de um jeito parecido, porque frequentaram o mesmo curso de artes.

A arte da imitação permite que cada ser vivo alcance a vida adulta. Ela prepara todas as criaturas para terem os próprios filhos. Assim como filhotes de baleias, coelhos ou babuínos, nós, humanos, aprendemos a fazer tudo que nossos antepassados fizeram para sobreviver. Isso é instintivo e não temos culpa de continuarmos imitando seu comportamento durante a vida adulta.

Mesmo assim, devemos deixar a imitação para trás. Pessoas maduras agem por conta própria, falam o que querem, tomam decisões sobre sua jornada na vida. E é assim que todos deveríamos fazer. Quando somos parecidos com o mundo inteiro, deixamos de ser interessantes; mal somos atraentes para nós mesmos. Em vez disso, podemos tirar vantagem das diferenças, recuperando a autenticidade que foi perdida na infância, independentemente da situação.

O ator tem o instinto para encontrar verdade no momento. Quando a sinceridade subitamente surge em meio ao fingimento, podemos ficar impactados, e os espectadores, surpresos — para serem conspiradores voluntários no momento, eles também precisam desse lampejo de verdade. Precisamos encarar a realidade para nos unirmos enquanto pessoas.

Treinamento inicial

Na infância, deixávamos as pessoas felizes. Em uma época mais simples, podíamos cantar desafinados, dançar mal ou pintar o céu de verde, e receberíamos reações ótimas. Se caíssemos do sofá, arrancávamos gargalhadas dos outros. Por um tempo, parecia que o mundo era a melhor plateia imaginável, sempre fácil de agradar. Aprendemos a imitar as pessoas mais próximas e elas nos recompensavam com amor. Ao se enxergarem em nós, elas se sentiam inspiradas a amar um pouquinho mais a si mesmas.

Você já observou uma criança olhando a si mesma no espelho? As crianças se agradam da mesma forma que aprenderam a agradar os outros. Elas fazem pose, experimentam mil expressões faciais diferentes, giram como modelos na passarela. Elas usam todos os elementos de sua nova arte para criar papéis que serão interpretados no palco do mundo.

Atores profissionais aprendem a aprimorar as mesmas habilidades que desenvolveram quando eram amadores: se mover e falar. Você também, na verdade. Conforme você foi amadurecendo, continuou a aperfeiçoar as capacidades que a vida lhe deu. Um ator que caminha pelo palco de forma confiante provavelmente consegue prender a atenção do público. Um ator convincente vira o centro das atenções; o mesmo vale para você. A maneira como você segue pelo mundo determina a reação que causa nas pessoas. Seu tom, sua escolha de palavras, seus movimentos corporais — essas coisas têm o poder de prender a atenção da plateia sempre que você entra em cena.

Todo ator precisa de um lugar para brilhar e o seu lugar esperava por você desde muito antes da sua entrada em cena. O fundo do cenário já havia sido montado, por assim dizer, e todos os adereços estavam no lugar. Personagens elencados já estavam posicionados e esperavam nas suas marcas, aguardando você sob os holofotes. Eles ansiavam por começar a atuar, por ajudar você a se preparar e ensaiar. No momento da sua chegada, o palco estava montado, seus colegas de cena aguardavam e a peça já havia começado. Era a sua vez de entrar em ação.

Não é surpreendente que seu pior pesadelo, às vezes, mostre você em cima de um palco, sem roupas e sem um roteiro. Você chegou ao mundo assim: nu, atordoado por luzes, ciente de que era encarado por todo mundo. Por muito tempo, você não conseguia pronunciar as falas que lhe passavam. Não conseguia atuar como seus irmãos mais velhos. Desde então, você vaga pelo palco, frequentemente sentindo-se inseguro sobre suas habilidades e morrendo de medo de ser julgado. Porém, como qualquer ator experiente, você continua a se apresentar, dando o seu melhor.

Todos os dias, sua rotina é igual. Pela manhã, você passa maquiagem (ou coloca a máscara que parece mais interessante) e se veste para o papel que esperam que interprete. Suas escolhas não são apenas para se misturar à multidão. O palco principal não abriga somente aqueles que seguem as regras — não, até os dissidentes precisam de máscaras e fantasias. A rebeldia é uma escolha de estilo, assim como a indignação e o cinismo. Quando todo mundo se revolta, até os rebeldes parecem convencionais e os insurgentes viram escravos da moda.

No fim das contas, cortes de cabelo, rostos e roupas contam pouquíssimo sobre quem somos de verdade. Assim como adesivos e tatuagens, eles indicam nosso nível de desespero para *não sermos vistos*. Preferimos nos esconder atrás de slogans e maquiagem. Camuflamos a verdade com sarcasmo. Apenas por um instante, pense no seu surgimento maravilhoso e espontâneo no mundo. Você já foi um ser autêntico. Onde foi parar essa pessoa?

Você está ocupado ensaiando, recitando, atuando? Quem lhe recompensa por esses esforços? Você nasceu para imitar; isso é verdade. Foi abençoado com um cérebro perfeito, que processa tudo que seus olhos veem e reage a isso. Com prática e experiência, você se tornou um mestre. Depois de fazer algo por vezes suficiente, isso se torna parte do seu personagem. É assim que atores profissionais se preparam para um papel. Foi assim que você também fez: com prática e repetição.

Você criou um personagem e um passado. Agora, os diálogos vêm de forma automática. Outros personagens na peça são pouco aprofundados, mas você *se* conhece. Ninguém poderia ser melhor nesse papel, independentemente do roteiro ou da plateia. Mas agora você está começando a entender como o personagem influenciou suas decisões e ações e compreende quanto controle ele exerce. Talvez até entenda que não precisa se esforçar tanto para mantê-lo e pode tirar um tempo para descobrir o artista por trás do papel.

Permita que as peças do quebra-cabeça lhe guiem. Continue aprendendo mais sobre o mistério que é você, o ator. Ao se conscientizar sobre seus métodos, você pode tomar decisões sensatas sobre o caminho que deseja seguir.

O Método

A consciência ajuda a reconhecer as opções disponíveis. Neste momento, você está se tornando ciente de si mesmo enquanto ator, examinando-se sob uma nova perspectiva, que lhe ajudará a tomar decisões melhores ao longo da sua evolução. Então vamos observar técnicas diferentes usadas por atores para se destacarem em sua arte.

Você já observa semelhanças na forma como a maioria de nós lida com situações comuns. Por exemplo, é uma técnica comum fingirmos que nos importamos com os problemas dos outros mesmo quando isso é mentira. Demonstramos emoção (ficamos com raiva, tristes ou ofendidos) porque parece apropriado.

Há muitos momentos em que nossos sentimentos não batem com nossos atos, e algumas vezes nossos atos não condizem com nossos sentimentos. Algumas escolas de artes cênicas chamam isso de atuação superficial: aquilo que o restante de nós chama de leviandade ou falsidade. Quando existe uma contradição entre aquilo que um ator sente e aquilo que ele faz, o resultado é uma performance ruim. Em longo prazo, o resultado é a exaustão física. Ser autêntico é energizante, porém fingir é um trabalho duro.

Atores ficam ansiosos, constrangidos e até envergonhados quando entregam uma performance medíocre. A apresentação é prejudicada, sem dúvida. Se um ator não consegue se conectar com os outros intérpretes, a peça inteira é afetada. O que isso tem a ver com você? Quando você não está em harmonia consigo mesmo, sua arte é afetada. Quando você não está em harmonia com seus colegas, sua vida é afetada. Isso deve fazer sentido; talvez pareça até familiar.

Você já deve ter ouvido falar do Método de interpretação para atores, mas o que isso quer dizer? O Método incentiva atores a usar memórias pessoais para inspirar uma performance. É um sistema que faz sentido, já que artistas se baseiam muito nas próprias experiências. Você também conta com aquilo que conhece e vivenciou. Seu passado marca presença nas suas interações sociais, não é? Você fala sobre sua infância, seus namoros anteriores, seu trabalho atual. Quando as suas histórias não bastam, você conta histórias dos outros; pega emprestado a vida de outros. De toda forma, você se esforça para distrair as pessoas, conquistando a atenção delas e as divertindo. Esse é o seu método.

O Método incentiva o ator a pensar em uma memória específica enquanto estiver em cena. Por exemplo, as emoções que um intérprete sentiu quando um ente querido morreu anos antes são reativas e substituídas pelas do personagem em cena. O ator ficou de coração partido no passado e seu personagem está de coração partido naquele momento. Usar memórias afetivas torna a interpretação mais realista em uma situação de mentira. Não importa se a apresentação ocorre em um palco ou fora dele, esse método pode parecer normal para você.

Pensamos em memórias dolorosas com frequência, remoendo ofensas passadas. Sentimos raiva agora porque talvez não pudéssemos fazer isso na época. Prolongamos nosso luto, acreditando que isso é um sinal de respeito por um ente querido ou porque queremos nos punir. Revivemos confrontos passados e ciúmes antigos apenas por diversão. E isso é o que fazemos quando estamos sozinhos. Em público, transformamos esses sentimentos particulares em performance.

Todos já passamos por situações em que deveríamos sentir emoções intensas e demonstrá-las em público. Enterros são um exemplo; casamentos também. As pessoas esperam que a gente chore abertamente, de tristeza ou felicidade. Gritamos feito doidos quando assistimos a uma partida esportiva. Soltamos gargalhadas em apresentações de comédia. Somos tão certinhos quanto nossos colegas de trabalho ou tão cínicos quanto um amigo. Ficamos tão ofendidos, ou tão profundamente magoados, quanto alguém com quem nos importamos. "Se você me amasse, sentiria o que estou sentindo!", poderia dizer seu parceiro. Isso parece algo que você deveria fazer, mas não deve. Não pode.

É possível demonstrar empatia, é óbvio. Você pode entender a situação de outra pessoa e reconfortá-la. Na vida real, sentir a mesma indignação que o outro não ajuda; só piora as coisas. Para a maioria de nós, fingir um sentimento não é legal. Em curto prazo, isso cria uma guerra dentro de nós. Ao longo do tempo, ficamos cansados. Podemos adoecer.

O corpo sofre quando atores profissionais precisam demonstrar emoções intensas em todas as apresentações. Na maioria das situações, o seu corpo também sofre. Trazer memórias dolorosas à tona, independentemente do motivo, parece um castigo. Para seu sistema nervoso, é uma punição verdadeira.

Sua atuação pode parecer realista; no entanto, ela segue um processo mental que você controla. Você deu vida a uma memória e fez uma ideia aleatória parecer verdadeira. Você é o intérprete, o diretor; escolhe o clima e o método de cada apresentação, e paga o preço emocional. Causar dor a si mesmo não faz nenhum sentido artístico. É bobagem reviver traumas da infância para aparentar maior autenticidade. Parece óbvio dizer isto, mas a autenticidade não precisa de artifícios. A verdade não exige esforço.

Solucionar questões emocionais faz parte do trabalho de todo ator e do seu também. Nós queremos ser artistas mais produtivos e parceiros melhores. Isso significa remover bloqueios emocionais para conseguirmos assumir papéis mais importantes. Tente ser um editor detalhista do seu próprio material. Se você continuamente remoer feridas antigas e memórias ruins, dificultará demais sua vida. E atrapalhará a sua arte.

Há outra técnica de interpretação que exige apenas que os atores estejam presentes. Em outras palavras, eles mergulham na situação da cena em vez de ficarem pensando em experiências passadas. *Eles acreditam naquilo que está acontecendo no palco.* E dá certo. O segredo é observar, escutar e compreender o que está acontecendo diante dos seus olhos. Lembre-se disso: atos devem ser determinados pelas circunstâncias atuais, não por impressões passadas. A ideia é comparecer e prestar atenção no momento. A ideia é *estar presente*.

Isso não significa tentar se lembrar de uma sensação ou buscar a melhor história. Citar pessoas mais sábias não é a mesma coisa que expressar seus sentimentos reais. As palavras conseguem alcançar o coração do ouvinte com maior facilidade quando são ditas com sinceridade. Todo mundo sabe quando alguém não está sendo emocionalmente verdadeiro no palco; nos sentimos desconfortáveis. Quando alguém finge, preferimos olhar para outro lado.

Atuar é acreditar: esse é o lema da maioria das escolas de artes cênicas. É óbvio que acreditar em algo não torna nada realidade. O ceticismo é útil na vida diária. Você não precisa acreditar em tudo que escuta, não importa se as ideias são suas ou de outra pessoa. Você é capaz de enxergar melhor, de escutar melhor, quando consegue entender o que realmente está acontecendo e não transformar isso em um melodrama.

Aceite mais provocações como essa. Desafie a si mesmo a ser cético, porém disposto a escutar. Afinal, você não está se apresentando para uma plateia pagante ou tentando produzir um espetáculo. Agora, você sabe que a autenticidade é uma ferramenta para a vida inteira. E ela também o será para a sua companhia de atores. Qualquer um que participe da sua jornada vai apreciar sua capacidade de estar presente e ser sincero — agora, completamente.

Atenção à arte

Talvez você pense que apenas pessoas mais extrovertidas ou que gostem de ser o centro das atenções deveriam ser atores. Talvez pense que isso só combina com pessoas mais bonitas e confiantes. Mas, no fundo, sabe que não é assim. Você sempre sentiu que é um ator. Talvez não se lembre dos seus primeiros professores ou diretores. Ou quem sabe, negue que alguém escrevia os seus roteiros — mas continua sem entender por que muitas das coisas que diz saem da sua boca. Certos impulsos não fazem sentido e você se surpreende com muitas das suas reações. É impossível compreender o novelão que é a sua vida, mesmo agora.

A sua jornada é um mistério confuso, principalmente porque você não observa o que acontece nos bastidores. A atenção é fundamental para o aprendizado. Alunos não chegam a lugar algum quando perdem o foco nas aulas. A atenção lhe ajudou a se tornar um bom ator, a permanecer fiel ao seu papel. Ao redirecionar sua atenção, você pode fazer algo que nunca tentou antes: descartar papéis velhos e realidades antigas.

Até este momento, você permitiu que sua atenção fosse controlada por crenças. Em outras palavras, quando acreditamos em uma coisa, tendemos a concentrar nossa atenção em tudo que possa confirmar essa convicção. Você sempre encontra maneiras de confirmar o mérito daquilo em que acredita. Na verdade, é difícil mudar o seu foco por tempo suficiente para refletir sobre um ponto de vista diferente.

Quando você controla sua atenção, não é facilmente dominado por qualquer crença ou opinião. Você não se sente na obrigação de reagir ao pensamento de outras pessoas: pode decidir de forma consciente a que dedicar sua fé. Nos locais onde se concentram os esforços, as coisas acontecem. Relacionamentos florescem, jardins nascem, projetos brotam — mais importante, *crenças* surgem por meio da força da sua atenção. Sem ela, seu poder se perde.

Seu poder de concentração era usado para justificar certos comportamentos, mas talvez você queira mudar agora. Talvez deseje se tornar mais receptivo, mais espontâneo. O mundo vai distraí-lo desse objetivo. Ele é um lugar barulhento, onde todos brigam para receber atenção. As pessoas ao seu redor estão imersas nas próprias apresentações. O seu personagem é um figurante na produção delas. A sua história não importa — nada disso deveria importar e, sim, a maneira como você se distrai e se limita.

Imagine que você está no cinema em uma noite de sábado: todas as poltronas estão ocupadas, e a plateia está agitada e barulhenta. Com o caos ao redor, é difícil se concentrar no filme. Multidões gostam de falar, mandam mensagens, se remexem, levantam, vão comprar pipoca lá fora. Enquanto isso, na tela, o filme continua rolando. A história segue em frente, mesmo que ninguém preste atenção.

Eu poderia descrever o mundo que você conhece — aquele fora do cinema. Todo dia, a arte surpreendente da vida é criada diante dos nossos olhos. Ela brota, desabrocha, irradia e morre, enquanto prestamos atenção nas distrações. Mesmo com todos os dramas externos, a sua atenção é roubada pelas cenas que acontecem dentro da sua cabeça. Todo mundo é assim; ninguém presta muita atenção nos outros.

A atenção rende um lucro imenso. Ensinar essa lição para os seus filhos é tão importante quanto aplicá-la na sua vida. Você oferecerá a eles uma conexão com a alegria, o amor e a vida, mesmo que optem por não serem adultos felizes. Você será um exemplo de como prestar atenção é recompensador.

A verdade na atuação

A atenção diferencia um ator comum de um ator fascinante. Diferencia um bom amigo de alguém em quem não podemos confiar. Não importa o que o restante do mundo esteja fazendo; todos nós precisamos nos dedicar mais a sermos sinceros.

Dizemos que vamos fazer as coisas e depois nos esquecemos delas. Fazemos promessas que não podemos cumprir. Mentimos regularmente para nós mesmos, atuando e exagerando. Há uma improvisação simples que explica o que acontece. Tente relaxar e refletir por um instante...

Imagine que você está parado sobre uma colina, olhando para a bela planície lá embaixo. A visão é agradável, muito calmante. Ao lançar um olhar mais atento, você nota os trilhos de trem que atravessam o pequeno vale. Está vendo? Que bom. Vamos continuar.

Enquanto você está parado ali, apreciando a vista, escuta o som de um trem se aproximando. O barulho parece vir de direções opostas. Isso chama sua atenção. Agora, você consegue enxergar dois trens; um vem do Leste, e o outro, do Oeste. Ambos correm pelo mesmo trilho. Eles apitam. Nenhum diminui a velocidade. De repente, você compreende: na velocidade que estão indo, os dois vão colidir.

Tudo bem. Fique parado exatamente onde está e ensaie sua reação. Você está assistindo. Os trens correm na direção um do outro. Seus apitos tocam. O guincho de freios metálicos toma conta do vale, mas você sabe que eles não vão conseguir diminuir a velocidade o suficiente para evitar a tragédia.

Você se imagina chorando ou virando o rosto? Você corre colina abaixo, acenando com os braços? Grita para os maquinistas dos trens? Berra por ajuda? Talvez você cubra o rosto, se recusando a testemunhar o evento. Quando os trens finalmente colidem e descarrilam violentamente, o que você faz? Grita horrorizado? Desaba no chão? Desmaia?

Se você estivesse atuando diante de uma plateia, ficaria extremamente emotivo ao encenar esse momento, não ficaria? É óbvio! Qualquer um teria o emocional abalado ao testemunhar um desastre. E você demonstraria isso. Deixaria seu pavor e sua raiva transparecerem. Ficaria rouco de tanto gritar. Perderia a cabeça.

Na verdade, um bom diretor reprovaria qualquer uma dessas atitudes. Um bom professor de atuação observaria sua performance frenética, lhe daria um instante para se recompor e diria: "Tudo bem. Agora me mostre o que você faria *de verdade* nessa situação."

O quê? Depois de tanto esforço emocional? Você provavelmente se ofenderia com esse comentário, mas é um bom aluno. Então, tentaria de novo. Desta vez, prestaria mais atenção. Você olharia para o horizonte imaginário e observaria os dois trens se aproximando, cada vez mais. Você notaria que estão indo muito rapidamente, chegando tão próximos que é quase impossível evitar um desastre. O que fazer? Nada.

Sozinho e distante, você não poderia ajudar. Daí não faria nada. Sua expressão provavelmente iria de preocupada para fascinada, e então paralisada. Mesmo antes da colisão, seu corpo congelaria. Talvez sua boca se abrisse, mas você não emitiria qualquer som. Apenas observaria em silêncio. Seria difícil respirar. Quando tudo acabasse, você poderia tomar a decisão de correr para o acidente ou de buscar ajuda.

Essa reação é bem menos teatral do que aquela gritaria toda, porém é mais verdadeira. A sinceridade, como dissemos, pode ser cativante. A verdade é convincente e, por ser raramente encontrada, tem o poder de nos surpreender. Talvez esse exercício o deixe surpreso. Você jamais intuiria que não tomaria uma atitude, porém a sua intuição se perde no meio do processo. É fácil *pensar* que teríamos uma série de iniciativas — gestos que não têm sentido quando o momento chega. Raramente pensamos durante uma emergência.

É bom avaliar seu nível de sinceridade em toda situação. Quando você se choca com a própria falsidade, algo muda no seu interior. Quando você testemunha a própria hipocrisia, começa a ansiar pela verdade — ela é evasiva nas nossas vidas diárias, principalmente porque nos esquecemos de buscar por ela. Isso pode mudar. Podemos desenvolver um apetite por ela. Podemos parar de fingir por um instante, e esperar por ela.

Grandes atores amam atuar e entendo o motivo. Eles se sentem mais atraídos pela verdade do que pela mentira — e, ironicamente, a encontram nos palcos. Como a atuação e a autenticidade podem ser compatíveis? Bem, a resposta é complexa e simples ao mesmo tempo. Todos nós buscamos pela verdade desde os primórdios desta aventura. Na infância, aprendemos que os outros sempre esperavam pelo fingimento; às vezes, até o preferiam. Desde então, sentimos falta do gostinho e da sensação da verdade. Em termos simples, sentimos falta de *nós mesmos* há tempo demais.

O problema é que a maioria das plateias adora um drama. Elas insistem em assistir um bom espetáculo. Então que alternativa resta ao ator? Plateias mudam tudo. Quando somos observados, nossas reações são diferentes. Por exemplo, imagine que você não está sozinho na colina. Há alguém ao seu lado quando os trens batem.

Tudo bem. Junto com outra pessoa, seu comportamento seria mais exagerado; talvez você até gritasse, apontasse, descrevesse o que iria acontecer. Provavelmente esperaria por uma resposta do companheiro. Não é mistério que as pessoas se alimentam de emoções. Nós usamos uns aos outros como exemplo. Somos treinados para fazer uma performance e, com frequência, nos sentimos obrigados a isso.

Por quê? Bem, era recompensador fazer drama na infância, não era? Quando não conseguíamos pedir por alguma coisa, gritávamos. Berrar chamava a atenção de alguém, no mínimo. Quando finalmente começamos a usar palavras, continuamos a gritar. Ataques de pirraça ganhavam uma resposta rápida. Berros e chutes traziam resultados imediatos. Nós encontramos uma maneira de controlar outras pessoas, gente maior que nós, e a lição nos acompanhou.

Pirraças infantis se transformam em pirraças adolescentes; com o tempo, elas evoluem para comportamentos destrutivos em adultos. É estranho ver gente grande chutando e gritando para chamar atenção, não é? Os chutes e berros são uma metáfora, é lógico, para todo tipo de comportamento teatral. Relacionamentos adultos não melhoram quando agimos como bebês. A esta altura, todo mundo sabe disso. Quando cada ação tem como consequência uma reação — seguida pela necessidade de reagir à reação —, a insanidade se agrava.

Talvez, sob pressão, você também se comporte feito um maluco. Talvez você adore um drama e dê ataques para chamar atenção. Não? Tudo bem, não estou falando especificamente sobre você, mas algumas pessoas continuam interpretando esses papéis. O fato de receberem respostas negativas não faz diferença — a única coisa que importa é que recebam atenção. A maioria das pessoas evolui e amadurece, aprende com as experiências e se adapta, ousa ser sincera — às vezes, fica mais sábia.

Quero saber: você é tão sincero consigo mesmo quanto é possível ou prefere apenas oferecer uma performance realista? Todas as estradas levam à verdade, se você quiser encontrá-la. O caminho pode ser tortuoso, confuso, mas que outra opção nos resta? Não perca seu tempo esperando por papéis maiores, peças melhores ou um grupo de intérpretes mais agradáveis. Escute a si mesmo agora. Aprenda com as suas mentiras. Mude de rumo, deixe a sinceridade se infiltrar nas suas conversas. Desenvolva uma preferência por ela.

Para conseguir criar livremente, você precisa ser capaz de rir dos críticos e perder o medo de ser julgado. Talvez seja necessário deixar a trilha mais fácil para encontrar a verdade escondida em arbustos cheios de espinhos. E daí? Siga em frente. Sirva-se de uma dose diária da verdade, mesmo que sozinho.

A companhia

A trupe, ou a família teatral, é o coração da atuação profissional, e a confiança que existe entre essa família serve de exemplo para todos nós. Atores precisam contar uns com os outros. E também precisam contar com o apoio dos profissionais nos bastidores. A magia do teatro depende de colaboração, porque todo artista é essencial para o resultado final.

Os melhores atores trabalham em equipe. Eles aprendem a confiar uns nos outros para receber as deixas certas e manter o sincronismo correto. Contam com a energia e a inspiração do grupo. A atuação profissional exige muitas horas de trabalho e estresse físico, mas uma boa colaboração faz tudo valer a pena.

O mesmo acontece com o restante de nós. Viajamos com um pequeno elenco de amigos e ficamos mais próximos quando compartilhamos experiências. A confiança uns nos outros nos torna menos cínicos sobre a vida. Permitir que um amigo brilhe é dar um presente generoso. Nada disso soa muito teatral, mas a conclusão é a mesma: um resultado mágico. A magia que criamos entre nós é um mistério precioso por si só.

Artistas de todos os tipos se sentem atraídos uns pelos outros. Eles gostam de compartilhar a linguagem e as paixões de sua arte. Conversam sobre o trabalho, seus problemas e recompensas. Você compartilha seus próprios processos, ou as enrascadas da sua arte, com alguém? Com quais pessoas você pode falar abertamente sobre seus temores ou sobre os momentos em que venceu o medo? Em que circunstâncias você ousaria se mostrar emocionalmente vulnerável e continuar se sentindo confortável?

Com o apoio de sua trupe, os atores tomam decisões corajosas. Eles podem ser um bando de tolos unidos em prol da arte. Quando você confiou o suficiente na vida para deixar de lado suas inibições? É inspirador ver pessoas trabalhando em conjunto como uma equipe confiante, ou testemunhar a confiança e o companheirismo entre colegas em busca de um propósito comum. É desanimador viver brigando.

Uma breve mudança de percepção basta para conseguirmos apreciar os talentos de todas as pessoas. Se mais gente se permitisse fazer essa mudança, seria mais empolgante e animador compartilhar as mesmas paixões. Removeríamos nossas máscaras de vez em quando, ousaríamos ser genuínos. Em vez disso, preferimos nos manter fechados, guardando segredos até de nós mesmos.

Quando admitimos que somos uma companhia de intérpretes, participando de grandes e pequenas produções em conjunto, podemos derrubar muitas barreiras imaginárias ou até mesmo destruir aquelas reais, nos tornando mais dispostos a inventar jogos e conspirar juntos. A diversão pode ser nosso objetivo principal. Não precisamos voltar à infância para sentirmos a emoção de brincar em equipe. Podemos nos deixar levar pela animação e sentir essa mágica a qualquer momento.

O teatro infantil é um exemplo da rendição à magia. Uma plateia de crianças não apenas observa, como insiste em participar da narrativa. Você consegue imaginar, tenho certeza. Faça isso agora: veja a si mesmo sentado na plateia de uma peça infantil. A cortina se abre para exibir um conto de fadas — *Rapunzel*, por exemplo.

Observe a rapidez com que as crianças aceitam a premissa de uma jovem ser capturada por uma bruxa e ser obrigada a passar a vida em uma torre encantada. Elas entendem o conceito imediatamente, mesmo que nunca tenham escutado a história. Sua animação não é condicionada a cenários elaborados ou efeitos especiais. Elas não precisam saber o que aconteceu antes daquele momento ou ver cachos de cabelo dourado saindo pela janela da torre: elas imaginam tudo.

As crianças entendem que um príncipe se apaixonou por Rapunzel e quer salvá-la da crueldade da bruxa. Quando a feiticeira malvada surge no palco, elas são dominadas pelo medo e pela animação. Gritam para os outros personagens, avisando-os do perigo. Elas fazem parte da cena. Participam de tudo.

As crianças chegam ao teatro como si mesmas e daí se transformam em algo diferente — elas se tornam cúmplices. Por vontade própria, empolgadas, rendem-se ao feitiço — e se jogam no enredo. Durante a peça, a felicidade de Rapunzel afeta a felicidade dos pequenos. O destino dela é o destino deles. Você pode achar que isso parece infantil, mas será que os adultos são tão diferentes?

Você não tem o hábito de se inserir em reviravoltas absurdas? Não costuma ser atraído pelo drama de outra pessoa? É difícil resistir. Você acredita na premissa da história dos outros, seja lá qual for, e resolve fazer parte da loucura. Acontece.

As crianças usam sua imaginação fantástica por diversão. Para elas, é ótimo estar em um mundo imaginado e acreditar nele por completo. Na companhia de outras crianças animadas, elas podem passar por uma aventura emocionante. Porém, permanecer na fantasia por tempo demais é exaustivo, até para uma criança. Depois de uma tarde de fingimento, elas se sentem aliviadas quando voltam para casa para jantar e desmaiam em uma cama quentinha. Nós, adultos, precisamos voltar para a casa do nosso eu. Jovens ou velhos, ninguém quer passar a eternidade trancado em uma torre, não importa o quanto ela pareça mágica no começo.

Quero que você observe ao que dedica sua fé e faça as mudanças necessárias. O senso comum diz que o certo é ter fé em *si mesmo*. Não minta apenas para manter uma convenção idealizada. Admitir a fantasia não basta; você precisa acordar. Veja por qual caminho uma história ruim está lhe guiando, e mude de rumo. Diga não ao drama. Vença a guerra contra o medo. Proteja a si mesmo contra seus próprios abusos; ninguém pode fazer isso por você.

Medo de palco

Tenho certeza de que você já se sentiu dividido entre o desejo de se encaixar e a ousadia de ser sua versão real. Você relutou para seguir um caminho diferente. Teve medo de fazer um comentário indesejado. Ficou ansioso por ter que encarar a plateia e se expor a críticas.

Às vezes, a situação não é tão pública. Por exemplo, você ficou nervoso com um primeiro encontro ou com uma entrevista de emprego, ou enlouquecido por causa de uma tarefa de casa ou uma futura viagem a negócios. Sentiu pavor de confrontar um amigo ou terminar com um parceiro. O medo de ser julgado pode minar boa parte dos seus impulsos criativos e fazer você ir contra si mesmo.

Talvez você também tenha sentido o terror de subir em um palco de verdade, diante de uma plateia. Nesse caso, seus críticos eram centenas de desconhecidos. Você tinha todas as ferramentas certas — seu rosto, sua voz, sua mensagem —, mas, sob olhares tão atentos, elas pareceram inadequadas. Aquele pesadelo de estar completamente nu e ser alvo de risadas pode ter se tornado real; se foi esse o caso, talvez seu trabalho tenha sido arruinado pelo medo. Acontece com todos os artistas.

Sua vida é sua arte, e a obra-prima que você cria deverá ser revelada para o mundo um dia. Pintores precisam exibir seus trabalhos, mesmo que isso signifique se expor à rejeição. Atores precisam subir ao palco, músicos eventualmente abrirão seus corações para um público caprichoso, comediantes têm que encarar espectadores impertinentes. E o que esses desafios têm a ver com você? Praticamente tudo.

Você é alvo dos olhos do público com frequência, talvez em boa parte do tempo. Sua arte é regularmente exibida para colegas de trabalho e parentes. Seus talentos são analisados todos os dias. Você treina e ensaia para todos os espetáculos que estão por vir e fica nervoso mesmo assim. Em momentos solitários, imagina os piores resultados possíveis.

Então talvez agora seja o momento de adotar outra visão de vida. A sua existência é um sonho contínuo, e sonhos mudam conforme nossa percepção muda. Outras pessoas se apresentam em seus palquinhos, tentando agradar o próprio público. Observe-as. Veja como o medo reprime seus melhores instintos. Veja como as críticas que fazem a você refletem as inseguranças delas mesmas. Não tenha medo de ser rejeitado por outras pessoas. Notar como você rejeita a si mesmo é muito mais importante.

Atores profissionais merecem um crédito imenso por encararem os próprios medos. Eles sobem ao palco todas as noites e colocam suas reputações em risco. Bem, um amador faz a mesma coisa. Todos os dias, você corre riscos parecidos, exposto a possíveis fracassos da mesma maneira que todos os artistas, como o de ser ridicularizado. Você se expõe e se prepara para encarar as consequências. Na sua carreira, você morreu um pouquinho e ressuscitou incontáveis vezes. No processo, você conseguiu aprimorar sua arte.

Tire um momento para reconhecer o tom de sonho da sua vida. Imagine que está em um palco, sob os holofotes. Quem está assistindo? Alguém presta atenção? Seus medos parecem opressivos, porém você os encara e os supera. Com frequência, o medo é uma escolha criativa, um acessório. Prefira a coragem, o humor, a fé em si mesmo. Crie da sua própria maneira. Antes de sair deste campus, você tem a oportunidade de se tornar um mestre. Isso também é uma decisão sua.

Todas as pessoas que você conhece precisaram superar o medo; você pode inspirar seus entes queridos com seu exemplo. Esteja ciente da trupe — da sua equipe de apoiadores. Todos nós desejamos relacionamentos baseados em confiança. Aprecie seu grupo de personagens. Permita que eles lhe conheçam, conheça-os e lhes dê apoio em suas próprias peças.

Encare as pessoas como as artistas que elas são. Veja como elas se comprometem com seus papéis. Observe as motivações dos personagens delas, assim como seus pontos fortes e fracos. Aprecie-as da maneira como são. Incentive a arte delas, seja lá qual for. Sua atenção é importante, então mostre o melhor reflexo delas. Esteja presente na vida dos seus entes queridos, e confie que eles farão o mesmo por você.

A motivação do amor

Em termos gerais, motivação é aquilo que faz um ator ir de um lado do palco para o outro. O que instiga pessoas comuns, como nós, a fazer as coisas que fazemos? É difícil descobrir a resposta, já que nosso comportamento é tão automático. Não pensamos muito em nossas ações ou reações. Caminhamos de forma errática pelo palco e preenchemos silêncios desconfortáveis com barulho.

Atores profissionais, por outro lado, planejam seus movimentos com precisão. Você e eu não fazemos perguntas como "Por que eu sentei?" ou "Por que levantei de novo?". Não nos perguntamos por que subimos no palco ou caminhamos de repente para a esquerda. Não notamos cada inclinação da cabeça ou franzida de testa. Atores usam pequenos gestos para se comunicar com a plateia. Eles usam o corpo, seu maior instrumento, de forma consciente. O restante de nós? Bem, não somos tão atentos assim, mas isso não significa que estamos desmotivados.

Na rotina diária, uma cena leva à outra e conversas se repetem (da mesma forma que acontece em uma novela). Você não sabe *por que* diz o que diz. Nem sempre consegue explicar por que faz o que faz. Algo o impulsiona, faz você interpretar papéis diferentes, em situações diferentes, para pessoas diferentes. Você escolhe seu humor segundo uma necessidade implícita.

Com uma pessoa, você se comporta como um bebê, choramingando para conseguir aquilo que deseja. Com outra, é sereno e sedutor. Com uma terceira, é impaciente e competitivo. Você é a criança comportada ou a criança encrenqueira. É o mártir, o mediador ou o bobo. Todas essas opções são escolhas de como interpretar um personagem. Elas costumam ser motivadas por alguma coisa — talvez por uma necessidade de aprovação, de elogios, ou apenas pelo desejo de ser notado. Não importa o motivo, o objetivo é que você consiga aquilo que quer.

Ao interpretar um papel, você toma decisões calculadas. Age por motivos específicos, mesmo que não admita. Qual foi a última vez que questionou esses motivos? O que trouxe você até aqui, por exemplo? Por que está participando desta aula? Como você quer que seu mundo mude e qual é o seu nível de comprometimento para realizar tais mudanças? Você está mesmo disposto a acabar com o drama na sua vida?

Um ator perspicaz não busca por motivação apenas para cruzar o palco, mas para chegar ao cerne de uma cena. Ele encontra o âmago do personagem através da empatia, não do julgamento. Você também tem o dever de compreender a motivação por trás dos seus atos e palavras sem julgamentos. Depois que entender isso, pode ajustar suas ações de acordo com a pessoa que é agora, não com o papel que interpretava no passado. Você pode agir agora, no momento, e se poupar do sofrimento de arrependimentos futuros. Pode permitir que o amor guie sua próxima decisão, assim como a seguinte.

O amor é a motivação mais forte de todo artista. Observe bem o comportamento do seu personagem quando se trata de amor. Talvez seja a hora de atualizar algumas de suas crenças antigas sobre essa questão, e talvez você até prefira abandoná-las. O amor parece perigoso? Ele sempre pareceu assustador? Você tem medo de perder o controle? Acha que amar alguém faz você parecer fraco ou tolo? Se for o caso, desista dessa ideia. Sentir medo do amor não faz sentido algum.

O amor é simples, mas temos o hábito de complicá-lo. Nossa relação com ele é repleta de confusão e resistência. Ela é parecida com a relação que temos com nós mesmos; sentimos uma relutância em nos aproximarmos demais ou termos sentimentos muito intensos. Fomos doutrinados a acreditar que o amor não passa de uma emoção — que talvez seja até debilitante.

Como qualquer bom ator, você pode gostar de transformar o amor em um dramalhão. Pode transformá-lo em piada. Se você apenas fingir amar, o sentimento logo se transforma em ódio. Sua atuação pode enganar o mundo, mas o mundo não importa. Você importa, e a maneira como ama determina a sua felicidade.

O problema é que poucos de nos aprenderam como amar. Nossa relação com o amor é cheia de contradições. Não confiamos nele de verdade. Escrevemos canções românticas, idolatramos o amor e depois o culpamos por todos os nossos problemas. Dizemos que o amor é inconstante. Dizemos que é volúvel, porém ansiamos por ele mesmo assim.

Juramos amor eterno, a menos que algo aconteça e nos faça mudar de ideia. O amor supera tudo, mas depende da situação. Só precisamos de amor para viver... Talvez. É seguro afirmar que a maioria de nós aprendeu a amar com dúvidas e condições.

Quem sabe você já se pegou dizendo que é incapaz de amar ou que não merece amor, porém essas falas não passam de histórias. Elas pretendiam protegê-lo de sofrimento, mas se tornaram desnecessárias agora. Você pode achar que o amor é culpado pela sua infelicidade, mas está mentindo para si mesmo. O motivo da sua tristeza é *aquilo em que você acredita*.

Apenas por um instante, esqueça suas crenças sobre o amor. Pense nele como a força conjunta de todas as emoções. Pense nele como uma energia poderosa e criativa. Você é essa força, existindo dentro da matéria. O amor é tão parte de você quanto os átomos no seu corpo. É raro que alguém sinta a autoridade inflexível do amor, e há um motivo para isso. Conforme você caminha pela vida, encontra apenas reflexos dele. Um reflexo não é a coisa real. Você passou a vida recebendo imagens distorcidas do amor e o reproduziu da mesma maneira. Você escolheu a intensidade com que está disposto a amar, de acordo com os riscos.

Na verdade, o amor não é uma escolha. Sua mente pode negar isso, mas ninguém tem chance contra o amor. Para um artista, o amor é o incentivo principal. Enquanto você cria, perde a noção de quem é. Rende-se para a vida. Durante o processo de elaborar algo — um objeto, um plano ou uma memória —, o amor sempre está no comando.

Você conhece a sensação de se render. Ao fazer amor, por exemplo, você abandona seus medos — esquece todos os papéis que já interpretou. Ao criar, você também esquece quem deveria ser. Ao trabalhar com as mãos para moldar obras lindas a partir da matéria-prima da vida, você é guiado pelo mistério. Ao cantar ou dançar, você se sente a própria energia. A energia é a força do amor.

O amor não fere. Afastá-lo machuca, assim como acreditar que você é sua vítima. Assim como todo artista, você pode ter perdido a inspiração em alguns momentos. É provável que tenha se sentido carente de atenção e elogios. Sim, houve épocas em que se sentiu traído pelo amor, pela vida. Deixe essas histórias no passado. Agora, a verdade foi revelada: você é a sua melhor fonte de amor.

Ao longo da sua jornada, você se convenceu a acreditar em mentiras. Tomou algumas decisões ruins e outras, brilhantes. Foi assim que evoluiu. Reconheça isso e aprecie sua vida excepcional. Quando se trata de habilidade artística, ninguém é tão bom quanto você. Ninguém incorpora a vida da mesma maneira como você, nem ama de forma tão destemida.

Quem se importa com a opinião dos críticos? Renda-se aos seus melhores instintos artísticos. Dedique-se a criar uma obra-prima e preencha-a de amor todos os dias.

Que diferença faz isso tudo?

Assim como todos nós, você está aqui para aproveitar a vida. O problema é que acaba se perdendo no meio do drama. Mas isso não é compreensível? Os percalços e as aflições da humanidade exigem atenção total. É especialmente difícil resistir ao melodrama que ocorre na sua mente, com um elenco insubordinado e enredos absurdos.

A mente transmite uma novela própria. O espetáculo é divertido — divertido demais, na verdade. Ele cria um drama que alimenta medos e dúvidas. E esse drama tende a ir se espalhando para o mundo real, afetando todos que você ama. As reações das pessoas podem ser igualmente dramáticas, gerando mais medo e dúvidas. E assim o show continua.

Queremos receber atenção, mas algumas pessoas a conquistam por meio da polêmica e do caos. Se você acredita ser uma delas, cogite escrever um roteiro diferente para si mesmo, respeitando mais a sua peça e os intérpretes que participam dela. O comodismo causa um sofrimento desnecessário. Com o tempo, você será o maior prejudicado.

Esteja ciente dos seus exageros dramáticos. Você não é uma vítima da sua arte e nem faz parte da plateia importunada que se sente usada, enganada, que pede o dinheiro de volta. Você é o ator, o coreógrafo e o cenógrafo da sua produção. Você também dirige, produz e controla a qualidade do material. Ataques de birra não beneficiam o processo criativo. Ter pena de si mesmo não é um sinal de genialidade.

No começo, parece impossível alcançar excelência artística, mas lembre-se de que você elabora sua obra-prima há décadas. Você passou a vida inteira aprendendo novos métodos, ensaiando e testando passos novos. Seus talentos especiais ficam aparentes nas coisas que você ama fazer. A arte é uma celebração da vida. A excelência artística é uma odisseia constante: não se detenha agora.

Paramos de crescer enquanto artistas quando deixamos de fazer experimentos. Não aprendemos nada quando seguimos pelos mesmos caminhos e observamos as mesmas paisagens. Nossa obra-prima é criada quando seguimos rumos novos. "Uma obra-prima? Você está de brincadeira?", talvez você se pergunte. "Quem vai querer ter esse trabalho? E que diferença faz?"

A diferença? Bem, você é muito mais feliz fazendo aquilo no que é bom, sendo produtivo. Quando não estamos brigando contra pressões externas, começamos a nos amar e isso faz diferença. Sua arte, sua autenticidade faz diferença na vida das pessoas ao seu redor.

Enquanto se prepara para seu papel seguinte ou planeja a próxima turnê de publicidade, pense na energia que você gasta ensaiando para sua vida em vez de realmente vivendo. Pense na quantidade de tempo que passa sonhando com o amor em vez de colocando a força do amor em ação. O amor é o seu legado mais duradouro. Ele foi desencorajado e adiado, então o desafio agora é trazê-lo de volta.

Por onde eu começo?

Lembre-se de que todos nós estamos atuando sem saber. Interpretamos papéis diferentes para pessoas diferentes, em situações diferentes. Você e eu não somos atores profissionais, mas aprendemos a agradar e a seguir orientações. Desde muito jovens, nos orientam a agir de uma forma ou de outra, de acordo com a situação. Nada disso é certo ou errado; é apenas um fato. Para sua própria segurança, crianças precisam se encaixar, se integrar à sociedade e se adaptar a peculiaridades culturais. E o hábito de se adequar continua conosco até a vida adulta.

Como a autenticidade funciona na prática? Para começo de conversa, paramos de tentar imaginar como as pessoas nos julgam. Não temos medo de oferecer nossa visão única sobre as coisas. Nossas reações surgem a partir de percepções, não de histórias. Nós estamos presentes, cientes e reagentes ao momento.

A sinceridade e a espontaneidade já foram naturais para todos nós — inclusive para você. Na infância, você era completamente autêntico, mas aquilo que era instintivo no passado pode exigir mais esforço agora. Talvez você tenha esquecido como reagir de maneira espontânea e precisará treinar para aprender que não vai morrer se *não seguir um roteiro*.

"Não seguir um roteiro" não significa agir como se você não estivesse em cena. Assim como todo bom profissional, podemos estar cientes de que estamos atuando ao mesmo tempo em que saboreamos instantes preciosos da verdade. Você pode separar os momentos em que precisa ser aquilo que as pessoas esperam daqueles em que pode simplesmente *ser*.

Você pode respeitar o papel das outras pessoas ao mesmo tempo em que escolhe ser genuíno. Não existe ninguém igual a você. O seu cérebro não funciona como os outros e o seu corpo é único. Suas memórias são diferentes e suas interpretações delas são filtradas através de suas próprias crenças. Nesta vida, você vai interpretar o papel de mãe, pai ou amigo atencioso de alguém; vai ser a esposa, o marido, o amante. São papéis previsíveis, mas que serão interpretados do seu jeito.

Atores profissionais encontram uma maneira de serem autênticos em papéis previsíveis. Quando precisam interpretar um personagem que era de outro ator, eles não o fazem da maneira original. É pouco provável que copiem a performance do colega, por mais que ela tenha sido bem recebida pelo público. Eles precisam se doar o máximo possível para o papel.

Por exemplo, Romeu e Julieta são os personagens principais da famosa tragédia de Shakespeare. Todo jovem ator que interpreta Romeu faz isso do seu jeito. Toda atriz que interpreta Julieta incorpora o papel da forma como a imagina. Toda abordagem é valiosa. Toda caracterização é única, porque os atores têm um entendimento e um comportamento diferentes.

Isso vale para o restante de nós? Estamos infundindo nossos atos com nosso estilo e visão únicos, ou ecoando uma performance que vimos e admiramos? Estamos imitando as reações de pessoas próximas? Estamos fazendo as mesmas expressões e usando gestos parecidos? Geralmente não nos perguntamos sobre essas questões.

Só você sabe quando é fiel aos seus instintos. Só você pode decidir caminhar pelo mundo sem se afetar. É importante lembrar que existe uma escolha. Em toda situação, podemos escolher vestir um papel familiar ou deixá-lo de lado. A qualquer momento, você pode decidir se esconder atrás de uma máscara ou esquecê-la e abandonar o fingimento.

De toda forma, o restante do mundo talvez ainda olhe para o seu comportamento e veja uma performance; porém, você se sentirá livre sem as máscaras. Poderá respeitar a sua verdade com as manifestações e os mistérios que a acompanham. A opção de usar seus talentos de forma consciente existe. Quando uma performance é desnecessária, você pode abrir mão das fantasias e interromper o show.

Faz muito tempo que você vive sob o feitiço do seu personagem. As histórias que conta para si mesmo não são verdade. Elas fazem parte da sua arte excepcional, e você investe muito nela — tanto que suas histórias parecem reais. No fim das contas, seu corpo se curva a elas. Seus humores, seu comportamento e seus preconceitos são baseados nos contos transmitidos a você por outras pessoas.

No entanto, histórias podem mudar. Você é capaz de alterar o roteiro e cancelar a próxima apresentação. Pode assimilar tudo — as pessoas, as conversas, o drama — e apreciar a realidade. Pode permitir que atos ocupem o lugar das histórias. Bons atores se envolvem com o *ato* de fazer as cenas, mesmo quando precisam recitar muitas falas. As circunstâncias da peça ou do filme podem ser predeterminadas, porém o ator deve ter força de vontade para reagir a esses acontecimentos. E você também.

Todos nós queremos aproveitar o momento e receber a atenção completa dos outros, mesmo que por um breve período de tempo. Também queremos prestar mais atenção, nos concentrar em um passo por vez. Acima de tudo, queremos ação, não teorias, e a ação exige determinação.

Quero lembrar a você que a sua determinação é uma força fantástica. É um superpoder. Sim, você tem a responsabilidade de usá-la com sabedoria, mas pode ter esquecido completamente dela. Assim como alguns atores permitem que colegas roubem a cena, nós frequentemente deixamos que alguém mais determinado nos controle. Ficamos com preguiça de agir. Deixamos que os outros tomem decisões artísticas por nós e até que controlem nossa produção. Abrimos mão da nossa determinação.

Vou deixar um dever de casa: treine sua determinação. Sinta sua força e direcione-a. Transforme a energia em algo tangível. Faça o "nada" virar algo maravilhoso. Sua determinação é seu poder. Use-o com alegria.

Quarto dia:
O palco

*O mundo inteiro é um palco, e todos os homens
e mulheres não passam de atores. Eles têm seus
momentos para sair e entrar em cena, e interpretam
muitos papéis no decorrer da vida...*

— Shakespeare

Que bom reencontrá-lo, pronto para debater mais mistérios! Observe que você usou sua determinação para chegar aqui nesta manhã. Você está *determinado* a aprender mais, a ver mais e a usar a sua curiosidade. Vejamos aonde a sua e a minha determinação nos levarão agora.

Ao seu modo, Shakespeare declarou aquilo que a maioria das pessoas sabe ser verdade: todos nós interpretamos os papéis que os outros esperam de nós. Segundo sua descrição, começamos como bebês e crescemos até nos tornarmos estudantes relutantes. Com o tempo, nos tornamos sonhadores apaixonados, soldados e membros respeitados da sociedade. Finalmente, ficamos velhos. No fim da vida, voltamos a ser tão fracos quanto bebês, indefesos e confusos. "Esta história estranha e agitada" é compartilhada por todos nós, que acrescentamos nosso próprio estilo a cada papel e entramos nos tablados que escolhemos. E isso nos leva ao próximo assunto: o palco.

O palco é o ambiente natural de todo ator. Hoje, imagine-o maior do que um espaço que pode ser percorrido em poucos passos. Para você e o restante da humanidade, ele tem o comprimento e a largura da Terra. Sua performance conta com as escolhas artísticas pelas quais você optou desde que chegou aqui.

Este planeta é o palco em que você subiu décadas atrás. Os eventos da sua vida podem parecer vagos agora; porém, hoje você terá a oportunidade de relembrá-los. Veremos como o seu passado o trouxe a este momento. Ao lembrar por onde passou, você pode planejar todas as viagens futuras de forma consciente.

A criação de mapas mudou o destino da humanidade; este exercício pode mudar o seu. Imagine suas jornadas pela vida — seu histórico de opções e decisões — como um mapa rodoviário. Encare-as como um esquema de rotas cujo ponto inicial foi o seu nascimento físico. A estrada a partir daí é longa e serpenteante, mas facilmente imaginada depois que você começar.

É provável que você já tenha tomado café da manhã em uma lanchonete onde recebeu um cardápio, um par de talheres e um apoio de prato com jogos e brincadeiras de crianças impressos. Um dos jogos é um labirinto simples. Para solucioná-lo, é preciso desenhar uma linha da entrada do labirinto até a saída no lado oposto. Até joguinhos como esse podem ser desafiadores. Alguns caminhos acabam rápido; outros são cheios de curvas e o levam de volta ao começo. Há aqueles que se conectam com outros caminhos, sem chegar a lugar algum. Apenas um leva à saída.

A jornada da sua vida é bem mais complexa do que uma brincadeira de criança, mas possui curvas e reviravoltas parecidas. Então vamos lá: imagine sua vida desenhada em um pedaço de papel. Imagine-a como um labirinto. Observe os caminhos sem saída e os zigue-zagues — os resultados das suas escolhas menos promissoras. Recorde-se dos trechos em que tudo pareceu tranquilo. Crie o labirinto com a mesma complexidade da trajetória da sua vida até aqui, mas não esqueça: ele tem apenas uma entrada e uma saída.

O labirinto

O seu labirinto começou a ganhar forma assim que você saiu do útero da sua mãe. Decisões foram tomadas por você até que completasse idade suficiente para tomá-las por conta própria. Você seguiu em frente. Há caminhos que preferia nunca ter tomado, e outros pelos quais seguiu sem hesitar nem se arrepender — você sempre perseverou.

Você pode ter seguido o mapa de outra pessoa ou caminhado aos trancos e barrancos por uma série de curvas aleatórias, sozinho. De toda forma, continuou em movimento. Assim como um turista que se diverte ao ver as fotos das férias, você agora pode observar aonde foi durante sua estada aqui e o quanto se divertiu.

Ao desenhar o caminho em uma linha reta, a rota que você seguiu é ainda mais fácil de rastrear. Tente fazer o seguinte: imagine o labirinto como uma estrada que atravessa o mapa inteiro. Novamente, siga a trajetória da sua vida. Faça isso hoje à noite: risque uma linha de um canto ao outro de uma folha de papel grande. O começo dela marca seu nascimento; o fim, o momento presente.

Marque com um X todos os eventos importantes da sua vida e os nomeie. Sinalize também os acontecimentos menos impactantes — podem ter sido momentos que trouxeram reviravoltas, que trocaram o elenco de personagens ou mudaram sua motivação. Esses eventos "menores" talvez tenham até salvado a sua vida, aumentando seu tempo no labirinto.

Observe o caminho pelo qual cada escolha o levou. Essas decisões são nítidas para você agora, mesmo que não fossem na época. Note os vários rumos alternativos que você poderia ter tomado, mas não o fez. Veja os pontos em que seria possível mudar de direção ou recuar. Lembre-se das paixões que o impulsionaram a apertar o passo ou a diminuir o seu ritmo. Lembre-se das pessoas que o convenceram a permanecer no mesmo lugar. Assinale os momentos em que você se distraiu e ficou parado por tempo demais. Nenhuma decisão foi errada; todas ofereceram boas informações — aquelas que você desejava ter recebido anos atrás.

Agora, volte a desenhar sua vida como um labirinto. Acrescente detalhes. Dedique a atenção que ele merece. Se quiser, crie uma história para acompanhá-lo. Você está acostumado a contar sua história aos poucos; este exercício oferece a oportunidade de repassá-la do começo ao fim. É uma maneira de amenizar os momentos emocionais difíceis e sarar feridas abertas.

Todo incidente faz parte do quebra-cabeça complexo, ou da tapeçaria, que torna sua vida uma conquista tão única. Passe pelos locais que foram emocionalmente difíceis. Perdoe antigas desavenças. Perdoe as pessoas que lhe magoaram. Perdoe a si mesmo também. Acho fundamental que você faça isso, para daí estudar sua obra.

O que você descobriu? Como esse processo mudou sua perspectiva? É estranho assistir a uma aula sobre a sua própria história, eu sei. Não é fácil examinar sua vida de forma objetiva. Você já conhece muito bem o assunto, mas provavelmente não abordou sua vida sob o ponto de vista de um mestre das artes. Faça isso agora. Dê um passo para trás e admire seus esforços. Assim como um pintor que solta o pincel, permita-se se maravilhar com seu trabalho.

O filme de uma vida

Agora, se você me der licença, vou mudar um pouco a metáfora. Imagine esta frase em uma folha de papel como uma tira de celuloide, com imagens dos principais eventos da sua vida. Ela roda como um filme. Há um início dramático, enquanto você abria seus pulmões e puxava o ar. Esse simples ato o jogou para dentro do sonho da humanidade, onde seus talentos determinariam sua capacidade de sobreviver e prosperar. Que emoção!

Assista ao filme do começo ao fim. Preste mais atenção em algumas das cenas importantes. Você pode editar a história ou diminuir a velocidade das imagens. Você pode se concentrar em uma memória que parece boba ou em uma que mudou o rumo dos eventos. Não há nada a temer. Trata-se apenas de um exercício.

Uma observação mais atenta da sua vida não deveria causar arrependimento. É a sua jornada, sim, mas é cheia de diversão e sequências de ação, assim como todos os filmes. É uma comédia pastelão, uma tragédia, uma história para servir de lição. Aprecie tudo. Não se incomode com as lembranças desagradáveis. Momentos maravilhosos, para sempre no passado, não deveriam causar tristeza. Você está apenas analisando um quebra-cabeça, imaginando um filme e contemplando um caminho para o futuro.

Também é possível encarar a história como um documentário sobre outra pessoa — uma vida diferente com um ator diferente. Aprecie a mudança de humores. Aprenda a se sentir confortável com a loucura e com a monotonia. Erros foram cometidos e promessas foram quebradas; corações foram partidos e cicatrizaram. Tente compreender cada sequência a partir da sua perspectiva atual. Acima de tudo, tenha compaixão pelo protagonista.

Você se pergunta como outras pessoas assistiriam ao filme da sua vida — gente que você conhece e ama? Elas provavelmente encarariam o personagem principal de um jeito diferente.

E desejariam estar nele, é óbvio, em um papel de destaque. Se você entrasse em um cinema vizinho, que exibisse o filme da vida de algum conhecido, sua reação seria a mesma.

"Onde eu me encaixo nessa narrativa?", pensaria você. "Eu sou necessário para o enredo? Sou importante para o mocinho?" Você só é o protagonista do seu filme, mas deseja ser bem representado na história dos outros, confirmando a sua relevância. Ao sair de cena, você prefere que sintam a sua falta.

Somos uma trupe itinerante de atores e artistas que circulam por um palco enorme. Vagamos sem rumo ou marchamos com uma determinação solene — mas todos, sem exceção, seguimos para fora dos holofotes e da imagem. Sabemos que o labirinto tem uma saída, mas ignoramos quando a encontraremos. E deixaremos um legado, é lógico. Ele será a coleção de cenas-memórias que ficará para a posteridade.

Como será a sua? Você deixará memórias inspiradoras e reconfortantes? Você foi generoso ao amar? Você foi corajoso ao se abrir para o amor? Sua jornada está em andamento, e você conhecerá outros artistas, que carregarão uma imagem sua pelo resto da vida. Não importa a sua idade, é você quem determina esse legado e ele existirá até a morte de todas as pessoas que o conheceram.

Durante seu tempo no palco, você recebeu amor e apoio de colegas artistas. E fez o mesmo por eles. Você conta com outras pessoas para receber informações sobre si mesmo. Nem sempre concorda com o que dizem, mas observar seu comportamento através dos olhos de outra pessoa pode ser muito interessante. Você percebe muitas coisas sobre ela, e talvez até descubra muitas outras sobre si mesmo — como você se relaciona com as pessoas ao seu redor.

Uma reflexão nítida não é acompanhada por preconceitos ou julgamentos. Ao ver-se refletido nos olhos de alguém que realmente lhe ama, você é impelido a ser mais generoso com o seu amor e é inspirado a se amar mais. Boas reflexões e respostas favoráveis são incentivos para você se tornar o melhor artista possível. Na verdade, os reflexos de espelho podem ser a parte mais fascinante do sonho humano. Vamos dar uma olhada nos mistérios do espelhamento.

Como enxergar o caminho espelhado

Toda vida é uma experiência solitária, não importa quantas pessoas passem por ela. Vamos imaginar o labirinto de novo. Você está sozinho enquanto segue por ele, mas o seu não é o único caminho. O mundo inteiro é um labirinto. Dentro dele, todos seguem o próprio rumo. Juntos no mesmo mundo, vivemos realidades distintas, mas que são paralelas e afetam umas às outras.

Seus pais fizeram uma jornada separada, tomando decisões diferentes por motivos diversos. Seus irmãos e amigos de infância escolheram os próprios caminhos. Todos os seus professores seguiram trajetórias diferentes rumo à linha de chegada. Suas jornadas, assim como a sua, foram mapeadas pelas pessoas que os ensinaram; porém, entre a entrada e a saída, elas improvisaram. Abriram seus próprios caminhos. Você também fez isso e continuará a fazer enquanto seu percurso durar.

E por quanto tempo? Algumas vidas duram quase um século; outras são ainda mais longas. Algumas são breves. Enquanto a maioria de nós continua ziguezagueando pelo labirinto, alguns amigos queridos já saíram dele. Toda vida se trata de solucionar mistérios e há inúmeras formas de fazer isso. Para chegar a um lugar que chama nossa atenção, andamos. Para chegar a um lugar que guia nossos sentimentos, corremos. Seguimos na direção que se adequa a nossos interesses e curiosidades, junto com os companheiros que nos auxiliam durante a jornada.

Todo mundo que passa pelo seu caminho tem uma imagem de você. Todo mundo reflete essa imagem de volta para você. Os corredores do seu labirinto são cobertos de espelhos. Ao olhar para a sua vida dessa forma, é possível ver os tipos de pessoa que lhe atraem, e talvez você consiga entender por que se sente interessado por alguns reflexos e repelido por outros. Quando você analisa amizades e relacionamentos com atenção, enxerga padrões que tinham passado despercebidos até agora.

Tenho certeza de que você já viu labirintos de jardim. Eles são charadas gigantes ao ar livre, em que cercas altas escondem um sistema de caminhos que se cruzam. É fácil se perder em um labirinto de jardim, mas parte da graça é essa. Junto com a pessoa amada, vocês podem se perder de forma muito conveniente, felizes. Podem se demorar, se esconder do mundo e aproveitar um momento tranquilo juntos. Eventualmente, todos os caminhos levam à saída, porém é impossível determinar onde ela fica enquanto se está lá dentro.

Bem, imagine que seu labirinto é feito de espelhos, não de arbustos e árvores. Você segue por um mundo que exibe imagens variadas de si mesmo. Há um reflexo novo em todo lugar que você vai. E você também é um espelho para cada pessoa que conhece. A questão é que é impossível refletir a si mesmo de forma exata. Você nunca conseguirá se assistir em ação, então precisa contar com os outros para lhe mostrarem um reflexo. E eles fazem isso.

As pessoas encaram você através das próprias lentes, baseando suas opiniões em suposições e expectativas particulares. Como você já fixou uma imagem de si mesmo na sua cabeça, qualquer reflexo que contradiga essa imagem será surpreendente, talvez até perturbadora. Alguns reflexos não parecem representar você de forma alguma.

Quando a vida é um corredor de espelhos, em quais deles você pode confiar para lhe mostrar a verdade? Ou, para ser mais exato, por que confiar em qualquer um deles? Por que a opinião de outra pessoa sobre você deveria ser tão importante?

Queremos que alguém confirme a melhor imagem de nós mesmos, mas as pessoas são rápidas em julgar os outros. Elas imediatamente formam uma opinião sobre os outros. Podem decidir quem é você antes mesmo de o conhecerem. É raro encontrar alguém que observa, escuta e realmente vê o outro. Se uma pessoa adorar aquilo que enxerga em você, ela será um ótimo espelho. E isso funciona para os dois lados: quando você demonstra respeito e admiração por alguém, naturalmente acaba atraindo essa pessoa. Ela quer ver esse reflexo o tempo todo.

Figuras parentais deveriam ter o instinto de amar incondicionalmente; porém, às vezes, crianças precisam esperar antes de encontrar amor de verdade e de serem apreciadas por alguém sem preconceitos ou expectativas — alguém que as admira por quem são.

No fim das contas, cabe a cada um de nós nos amarmos da maneira como somos. Cabe a mim, e cabe a você. O amor e o respeito que você tem por si mesmo determina como os outros enxergam a si mesmos através do seu olhar. Então vamos falar mais sobre isso. Vejamos como você pode criar um padrão elevado para a arte por meio do espelhamento nítido e positivo.

Alice no espelho

Artistas profissionais espelham a condição humana, imitam a vida, refletem a sociedade. Nós, amadores, fazemos algo parecido. Espelhamos o pensamento popular, tendências da moda atuais, uns aos outros, através de nossas escolhas de roupas e ideologias. Então é fácil compreender como reflexos se tornam embaçados e distorcidos.

A maneira como nos refletimos afeta a qualidade do nosso trabalho enquanto artistas, assim como nossos relacionamentos e a maneira como vivemos. Que tipo de espelhamento faz você se sentir atraído por alguém? Você nem sempre se interessa por pessoas boas ou generosas, por exemplo. Às vezes, prefere as que são críticas e ocasionalmente cruéis. Talvez se sinta mais confortável sendo assediado moralmente do que sendo paparicado. Você pode achar que merece um tirano na sua vida, e não um aliado.

Por outro lado, pode desejar um reflexo tão perfeito que vive deturpando o seu próprio. Alguns de nós desejamos afeto acima de tudo, mesmo que, para isso, precisem fingir ser alguém que não são. Se você só consegue enxergar seu valor através dos olhos de outra pessoa, talvez se convença de que não conseguiria viver sem ela. E corre o risco de nunca se descobrir.

Entretanto, se você der a si mesmo o amor que deseja, não ficará tão desesperado por encontrá-los nos outros. Se você se respeitar acima de tudo, se tornará imune a manipulações. Até onde está disposto a ir para receber algumas migalhas de afeto? O que você faria, mesmo agora, em troca do menor elogio?

Quantas vezes se diminuiu para se encaixar ou para atrair seguidores? Apenas você sabe as respostas para perguntas como essa. Ninguém mais pode solucionar o mistério que é *você*. Ninguém mais é capaz de suprir suas necessidades mais profundas. Como já deve ter notado, outros espelhos têm necessidades próprias.

Talvez você tenha percebido que certos espelhos têm uma determinação maior que a sua. Alguns lhe puxam para o mundo deles tão completamente que você para de se importar com qualquer outra coisa — passa a se preocupar mais com o drama deles do que com o seu próprio. Você os trata como o personagem principal da sua história. Tenta viver a vida deles. Assim como a Alice fictícia, você se sente tentado a entrar em um espelho atraente e, hipnotizado, poderia permanecer lá para sempre.

É possível que você já tenha feito isso: talvez tenha tentado seguir a jornada de outra pessoa. Você adotou os hábitos dela e comemorou suas melhores memórias. Espelhou seus interesses e atividades. Com o tempo, tudo começa a parecer errado; você se pega tendo atitudes que não quer. Seu fascínio por alguns espelhos pode causar uma obsessão, e ela nos leva por um caminho serpenteante até lugar nenhum.

Na minha concepção, "lugar nenhum" significa autodestruição, ou a destruição de um sonho. Todos os artistas desejam se sentir inspirados; a inspiração leva à criatividade, enquanto a obsessão apenas tem o potencial de desfazer sua criação. Você precisa dar um passo para trás de vez em quando e observar onde está. Veja por qual caminho sua atenção guiou seus passos. Você quer mesmo estar ali ou começou a se dedicar a uma coisa à custa de todas as outras?

Sugiro que use sua perspectiva. Enxergue como um artista. Reconheça a beleza em si mesmo e faça tudo que puder para expressá-la. Uma ótima arte não precisa ir além disso. É provável que você já tenha escutado alguns artistas afirmando que precisam sofrer para criar. Muitos artistas reconhecidos passaram por pobreza e rejeições, então se presume que o sofrimento seja uma parte indispensável do processo criativo.

Na verdade, o sofrimento é um tema recorrente na história da maioria das pessoas. Todos nós somos um pouco viciados nele e temos desculpas intermináveis. Dizemos que merecemos sofrer. Sofremos quando somos incompreendidos, sofremos por uma causa. Sofremos por motivos nobres. Sofremos por amor. Sofremos pela arte.

"Grandes obras de arte exigem grandes sofrimentos" é uma suposição universal, mas por que isso deveria ser verdade? O mundo está cheio de tristezas, sim. Dores físicas e privações existem. A maioria das pessoas batalha para assegurar seu futuro, conseguir abrigo ou um emprego. Outros se esforçam para dar sentido a mistérios. A luta é comum a todos, mas não é uma desculpa para sofrer.

Todo empreendedor precisou brigar para fazer seu negócio dar certo. Pintores, poetas, músicos e atores batalham para ser reconhecidos, suportando condições duras no processo. Dançarinos e atletas sentem as dores dos ferimentos e do fracasso. Eles não estão sozinhos em sua frustração criativa. Você também a sente, mas contar a si mesmo uma história sobre a intensidade do seu sofrimento não acaba com sua frustração. Você, o artista, é responsável pelas histórias que conta e o clima que instaura. Você é responsável pela sua própria felicidade e por sua própria satisfação artística.

Encare a ação criativa como um remédio para a frustração. Conte uma história melhor. Preste atenção ao seu corpo, o instrumento da sua arte, e faça o que puder para curar uma mente em guerra consigo mesma. Enxergue com maior nitidez e ame de forma generosa enquanto você segue por esse labirinto espelhado.

Reflexões sobre o amor

A maioria dos artistas ousa se revelar para outras pessoas. E você? Consegue estar sob os holofotes mesmo com (ou sem) o medo da rejeição? Você confia que a vida não irá julgá-lo ou abandoná-lo? Lembre que pessoas fazem julgamentos; a vida, não.

É possível olhar para um espelho imperfeito e permanecer confiante. Ver um reflexo ruim não precisa ser motivo para desânimo. Nenhum espelho apresenta a imagem completa nem a verdadeira. Cada um conta uma história.

Você pode se irritar com alguém que não consegue enxergar suas melhores facetas. Você pode ficar na defensiva, mas um espelho ruim também carrega ensinamentos. Nítidos, embaçados ou distorcidos, todos os reflexos trazem mensagens. Quanto mais informações você tiver, melhor enxergará. Não acredite em tudo que vê, mas preste atenção de toda forma — sem julgar — e aprenda.

Sem espelhos, você e eu seríamos como a maioria dos outros animais. Não receberíamos as informações de que precisamos para evoluir. Perderíamos revelações importantes que até os piores reflexos nos oferecem. Ao mesmo tempo, somos mais do que qualquer espelho é capaz de mostrar, mais do que aquilo que vemos e pensamos. Tudo muda quando estamos dispostos a explorar nossa verdade misteriosa.

É aqui que o amor entra em cena. Longe de ser cego, o amor enxerga a verdade. Você compreendia isso na infância e pode reaprender agora. Há pessoas na sua vida que precisam do reflexo mais brilhante que você conseguir oferecer. Em vez de demonstrar decepção, mostre sua admiração. Ratifique. Aplauda. Faça isso, e não apenas para as pessoas que mais ama. Todo mundo merece um reflexo evidente de alguém motivado pelo amor.

Sua jornada pelo labirinto continua. Ele tem curvas e retornos, oferecendo inúmeras imagens espelhadas pelo caminho. A sua reação aos reflexos que encontra depende de como você se ama — do quanto você é destemido para amar os outros, independentemente de como eles refletem você.

A maioria de nós, quando bebês, encarava espelhos límpidos, brilhantes. O sorriso da mamãe nos dizia que éramos preciosos; a força do papai nos mostrava que estávamos seguros. O mundo inteiro refletia uma imagem maravilhosa de volta para nós. Os ventos de verão carregavam todas as maravilhas da vida até nossos sentidos. Todos nós fomos crianças, encarando o espelho com olhos arregalados; porém, com o passar do tempo, nos distraímos e deixamos de ser apaixonados por nós mesmos. Começamos a duvidar da nossa capacidade de amar.

Quando você se olha em um espelho, provavelmente vê apenas aquilo que torce e espera para ver, ou que mais lhe incomoda ver. E também é assim que vê as outras pessoas. Isso é enxergar de verdade? A maioria de nós mal percebe o que está acontecendo antes de a vida nos despertar com um choque. Enquanto isso, ficamos cegos para a beleza e despreparados para a verdade.

Reflexos não são a imagem que refletem. A sua verdade nunca esteve no vidro. *Seu corpo quente é a verdade.* Acho que você entende isso agora. Você é um ser humano vivo que respira. Você é real, porém a sua realidade se perde no reflexo. Caso tenha se esquecido disso, tire alguns minutos para lembrar. Mire-se em um espelho de corpo inteiro. Observe a imagem completa — você, o cômodo, todas as cores e formatos — como uma reprodução visual daquilo que é real. Você consegue enxergar isso tudo porque a luz alcança o vidro, mas nada disso existe dentro dele.

Feche os olhos e sinta a verdade: você, o ser que é refletido. Sinta a vida pulsando por suas veias, sua respiração e seu coração batendo; o seu calor e a corrente elétrica que percorre seu corpo. Você é vida.

Vida gera mais vida. Ela faz isso sem ostentar e sem histórias pessoais. Você pode fazer o mesmo. Pode existir sem as suas histórias, ser verdadeiro consigo mesmo sem oferecer explicações ou desculpas. Você pode amar incondicionalmente e sem hesitar.

Não fique parado, esperando ser impulsionado por alguém. Aplique sua determinação. Continue seguindo em frente. Permaneça descobrindo e crescendo. Monte a base para algo novo. Seu período no labirinto é mágico; você só precisa abrir os olhos e *enxergar isso*.

Que diferença faz isso tudo?

Por que encarar a vida como um labirinto cheio de avenidas e becos é útil? O futuro é determinado pelas escolhas que você faz — virar para a esquerda ou para a direita, ou continuar em frente. Você também pode preferir ficar parado, talvez recuar. É interessante observar como essas decisões foram tomadas no passado. Ver como trouxeram você até aqui, hoje, é útil. Essa é uma ferramenta importante para entender como você pode seguir em frente, agora que compreende suas motivações e está disposto a modificá-las.

Deixe entrar um pouco de luz. Ela reflete imagens de uma pessoa para a outra e depois volta. Ao reconhecer o que são os espelhos, você pode ter uma reação mais sensata a eles. Estamos falando sobre seres humanos, então há uma mente por trás do "vidro". Mentes tendem a buscar informações. Elas chegam a conclusões; dão palpites e fazem suposições — e estas, como você sabe, complicam tudo.

Estar consciente é conseguir enxergar de forma objetiva, sem fazer julgamentos ou criar hipóteses. Toda mente distorce um pouco a verdade, então não leve opiniões para o lado pessoal. Quando você avalia seu próprio comportamento de forma justa, pode ser mais generoso ao avaliar o dos outros. Atores estudam seus personagens de forma objetiva e isenta. É assim que você pode se estudar. É assim que você pode cultivar suas qualidades autênticas.

Pense no palco que você montou. Talvez ele precise de algumas mudanças no cenário. Não se trata de decidir o melhor lugar para os móveis; estou falando do clima. Quero saber se você está projetando um paraíso para si mesmo, ou um inferno. Paraíso. Inferno. Vamos tirar um momento para entender a diferença entre os dois.

O paraíso é um estado de espírito, é óbvio. Quando criamos uma realidade em que nosso comportamento é regido pelo respeito, estamos no paraíso. Eu respeito as pessoas próximas a mim. Respeito todos que encontro — respeito você, sem precisar conhecê-lo pessoalmente. Digamos que você respeite a mim e a todos na sua história. Nossas interações são tranquilas, porque nos respeitamos sem precisarmos concordar em tudo. O paraíso é isso.

O inferno é outra história. Lá, o medo impera. A vida pode se tornar intolerável quando permitimos que o medo instaure o clima. Se o respeito não for nosso impulso natural, vamos julgar uns aos outros. Vamos acusar e temer uns aos outros. O paraíso e o inferno são metáforas, mas a tristeza que causamos, não. O inferno na Terra é uma experiência real. Só podemos evitar suas agonias por meio do respeito.

Respeite a si mesmo e permita que esse respeito irradie para o mundo. Deixe que ele alcance tudo que você toca e que seja espelhado de volta para você. Tenha em mente que o respeito transforma a sua realidade. Esse tipo de consciência traz evolução. Como você está evoluindo? Bem, você agora ousa enxergar aquilo que não conseguia ver antes. Você está se abrindo para as informações da luz. Está se aproximando de refletir a verdade, e a verdade o levará ao paraíso, mesmo enquanto caminha por este planeta.

O que mais eu posso fazer?

A tensão de não saber o que vai acontecer no futuro ou se você voltará a ser desejado existe para todos os artistas. Nós nunca achamos que fizemos o suficiente, que ganhamos o suficiente ou que impressionamos pessoas suficientes. A preocupação sempre é: o que mais eu posso fazer?

Você é um estudante diferente agora. Nesta escola específica, você explora mistérios mais profundos. Tem fome pela verdade. Deseja se tornar um espelho nítido. Quero que você faça perguntas, que analise as respostas com cuidado, que escute todos os lados de uma história antes de compartilhar suas opiniões e que respeite todos os pontos de vista. Talvez você tenha se considerado uma vítima da vida no passado; agora é um cúmplice dela.

E como essa colaboração começa? Trabalhamos em conjunto com a vida quando nos mantemos conscientes e adaptáveis a mudanças. Cooperamos com a vida quando estamos abertos a novas informações, e não fechados e na defensiva. Somos parceiros da vida quando somos sinceros com nós mesmos. Quando negamos o óbvio, provavelmente sofreremos as consequências. Quando mentimos para nós mesmos, começamos a sofrer em pouco tempo.

Ser *impecável* significa não ter pecados. Para você, o artista, é um pecado se autossabotar, desrespeitar a própria arte. Imagine-se como alguém *impecável* — como seria isso? Como você interagiria com o mundo?

Bem, imagine dizer aquilo que pensa e fazer aquilo que diz; ser alguém que nunca faz suposições, mas que questiona o cotidiano e depois avalia a situação. Imagine ser capaz de ouvir críticas sem entrar na defensiva, fazer o seu melhor, e que esse melhor vai evoluindo com o tempo. Caso você consiga se imaginar assim em situações rotineiras, está pronto para aplicar estas lições.

1) Seja impecável com suas palavras e seus atos.
2) Não leve nada para o lado pessoal.

3) Não tire conclusões.
4) Sempre dê o melhor de si.

Essas lições são ferramentas essenciais para um artista da vida. Hoje é um bom dia para aprimorar suas habilidades. Talvez você ache que não é corajoso o suficiente, ou criativo o bastante, mas a maestria começa com pequenas tentativas, quando nos esforçamos para dar nosso melhor naquele momento. Treine. Ensaie. Comprometa-se de verdade com a sua arte.

Sob qualquer tipo de pressão, revertemos para a menor definição de nós mesmos. Voltamos ao personagem que foge de medo, que é vitimizado, ou até que assedia moralmente. É importante reconhecer o quanto você se identifica com os papéis e as reações com que contava antes. É importante enxergar isso e estar disposto a mudar.

Agora não é o momento de voltar à pequenez de si mesmo e, sim, a hora de estar sob os holofotes, observar suas atitudes e reformulá-las. Observe como suas emoções se agitam para defender uma história antiga. Mude a emoção; transforme a narrativa. Ria. Respire. Agradeça à vida por lembrar que você é mais importante do que qualquer definição que outra pessoa lhe atribua.

Quinto dia:
A cortina se fecha

*Temos uma compreensão objetiva da vida.
Quando você ganha isso, deixa de
lado seus espelhos e estátuas,
seus brinquedos e suas bonecas.*

— George Bernard Shaw

Não é segredo que todo mundo quer saber um segredo. Estamos todos mergulhando em um oceano de mistérios, em busca de respostas. Acima de tudo, queremos saber quem somos — e essa é a pergunta que mais temos medo de fazer.

Quem sou eu?, talvez você se questione de vez em quando. Bem, você sabe o que não é. Você não é os personagens que interpreta. Você não é a sua reputação e também não é as avaliações que recebe. Talvez sempre tenha medido seu valor por meio de elogios. Você fingiu. Teve reações exageradas. Você adorava o espetáculo, mas, sempre que surgia uma oportunidade de sair do palco, ficava aliviado, não é? O drama parecia intenso demais, meio louco. Dava a sensação de ser artificial.

Seu comportamento pode parecer em grande parte exagerado ao ser observado sob outra perspectiva. Coloque sua história no papel e observe como interpretar um personagem fez com que passasse por constantes momentos de crise. Você consegue se lembrar dos instantes em que se perdeu por completo ou quando decepcionou sua equipe. Pense bem. Talvez você tenha feito suposições demais e cometido erros de cálculo. Você se autossabotou com frequência, mas também houve momentos em que preservou sua integridade. Houve momentos em que você foi fantástico.

Permita que seus sentidos sintam o que você não consegue explicar. Aparências enganam. Você parece ser muitas coisas ao mesmo tempo, passa a impressão de ser uma variedade de limitações autoimpostas e possibilidades absurdas. Acima de tudo, você parece ser seu segredo mais bem guardado. A verdade é bem mais simples, como vimos nesta semana.

Você quer compreender o mistério, mas tem medo de se aprofundar demais. *O que é real?* Você tem medo de ter depositado muita fé em coisas que não são verdadeiras. A realidade é o seu mistério por resolver. Perguntas precisam ser feitas e analisadas. Obstáculos precisam ser encarados e explorados. Outros mistérios esperam nos bastidores.

É preciso descobrir mais sobre o amor, por exemplo. *O que é o amor?*, perguntam as pessoas. Você questionou, escutou e mudou sua perspectiva sobre o amor — e descobriu que ele vai além daquilo que imaginava. Longe de ser uma emoção caprichosa, o amor é a totalidade de todas as emoções. Longe de ser uma fraqueza, o amor é a energia que tornou você possível e ainda o impulsiona a evoluir.

Toda geração encontra novas respostas para perguntas milenares. Algumas redescobrem soluções que foram perdidas e esquecidas. Solucionar um mistério abre a porta para muitos e muitos outros. Afaste a cortina e encha lugares escuros com luz, até encontrar o mistério final, depois do labirinto.

Saindo do palco

Talvez você nunca tenha pensado no mundo como um palco. Talvez você nunca tenha encarado seus atos e suas reações como uma performance. Essa consciência, no entanto, faz com que você consiga escolher seus papéis e os interprete com intenção. Estar ciente lhe dá opções. Você pode escolher os momentos em que não precisa encarnar papel nenhum.

Em vez disso, pode estar presente e ser espontâneo e decidir escutar, observar e se concentrar naquilo que acontece ao seu redor. E, talvez pela primeira vez, possa examinar as qualidades que fazem de você uma pessoa autêntica. Suas escolhas mudam a cada situação, porém a consciência o mantém verdadeiro a si mesmo.

Um dia, você sairá do palco. Todos nós saímos. As luzes se apagarão e a peça acabará. No teatro profissional, os holofotes têm que ser desligados em algum momento, e os atores precisam sair do personagem. A cortina será baixada e todos — elenco, equipe e espectadores satisfeitos — sairão do teatro e voltarão para suas vidas.

Encerramentos acontecem ao longo de uma vida, assim como no espetáculo. Toda encenação começa cheia de entusiasmo, porém é inevitável que termine. Cenários antigos são removidos; objetos, guardados; fantasias, descartadas. Como se preparar para sair para sempre do palco? Como estar pronto para o mistério maior depois do labirinto?

Primeiro, você deseja acordar do sonho — sim, do sonho. Uma peça é um sonho criado por atores. Uma jornada também é semelhante ao sonho. Ela o desafia a improvisar, e a aprender formas diferentes de agir. Sua vida é um sonho que frequentemente parece não ter sentido. A sorte pode acabar e amigos podem decepcionar você. A prosperidade vem e vai. De vez em quando, eventos trágicos o forçam a se tornar o herói da sua própria história.

Talvez você já seja ótimo nisso. Talvez se considere um sonhador talentoso. Você não se abala com reviravoltas. É flexível e destemido diante de mudanças. Você fez seu melhor em todas as situações, e o conjunto da sua obra é admirável. Talvez, agora, consiga encarar a vida de forma inédita.

Por exemplo, você está aqui, ativamente comprometido com sua história, e ao mesmo tempo observa a movimentação de longe. Aprendeu a arte da perspectiva, como é necessário para todos os pintores. Você se disciplinou a ver a imagem completa e evitar se perder nos detalhes. Consegue tanto encarar a vida em sua totalidade, como também ver a si mesmo quando está imerso na performance.

É verdade: a sua perspectiva mudou. E talvez você sinta menos apego aos papéis que interpreta. Porém, antes de as luzes se apagarem neste espetáculo maravilhoso, permita-se um último desafio como artista: sair do labirinto usando sua imaginação. Assim como ela o levava para outros mundos nos primeiros tempos da infância, a sua imaginação adulta pode removê-lo do labirinto enquanto você ainda o ocupa.

Sua imaginação é vívida e sua determinação, forte; continue a expandir sua consciência. Aprecie o valor das suas perdas e de seus sucessos, e aprenda a confiar em resultados futuros. Como você sabe, quando a morte acontece, você deixa de fazer parte da experiência humana. O que importa é aproveitá-la agora, com olhos abertos e uma mente disposta a participar.

Ser humano é uma montanha-russa descontrolada. A experiência nunca permanece igual. Intensidades variam. Devoções mudam. É algo que pode ser assustador e exaustivo. Peço que você observe a experiência humana em sua totalidade, que aproveite a plenitude dessa experiência enquanto vive — e que encare um último obstáculo quando se sentir pronto.

O último julgamento

Quando você parar de temer o julgamento dos outros, estará livre para ser autêntico. E os seus próprios julgamentos? É provável que você se julgue com mais crueldade do que qualquer outra pessoa. E continuará a fazer isso até superar a tentação de julgar tudo que encontra.

Um dia, você vai parar. Vai fazer seu julgamento final. Vai escutá-lo e se retrair com o som. Depois disso, todos os impulsos para julgar parecerão estranhos e desconfortáveis. É importante que você preste atenção e modifique interiormente suas histórias, para conseguir comunicar respeito para o mundo exterior. Isso faz diferença para você, para o corpo físico que você ocupa, para as pessoas que procuram você em busca de orientação.

Para interpretar fielmente um papel, atores incorporam pontos de vista específicos. Personagens em uma peça deveriam ter vidas reais, com passados que explicam seu comportamento. O trabalho de um ator é compreender suas sensibilidades e medos secretos — e sua tendência a julgar.

Imagine um personagem que nunca julga nada. Ele pareceria chato, desmerecedor da atenção de um público? Talvez. A maioria das pessoas diria que personagens complexos são os mais cativantes. Vilões são interessantes, por exemplo. Vítimas eternas também. Geralmente, as plateias prestam atenção no melhor e no pior da humanidade. Mas você e eu não estamos mais tentando divertir uma plateia, não é?

Como você se comportaria se não precisasse mais agradar ao público? O que faria se não tivesse medo de ser julgado? Você escutaria com mais atenção, não é? Relaxaria e observaria. Não reagiria de imediato e se concentraria no presente. Todo o tom da sua performance mudaria.

O julgamento é o vilão do seu filme particular. Quando ele for removido do enredo, você poderá explorar uma grande variedade de emoções humanas sem o drama. Poderá sentir sem precisar transmitir seus sentimentos para a plateia. Ninguém precisa rir nem chorar. Ninguém precisa voltar para casa se sentindo incomodado ou deprimido. Seu nome não precisa entrar para a história como "o melhor intérprete que já existiu". Você pode ser lembrado como alguém ainda mais cativante: uma pessoa que foi autêntica.

O teatro profissional às vezes faz mais sucesso do que nossas melhores tentativas enquanto amadores. Atores conseguem capturar momentos de verdade. Profissionais se preocupam em ganhar a vida, é lógico, mas também com a integridade do seu trabalho. Eles querem sentir orgulho do que fazem. Querem ser edificados pela arte. Como muitos de nós, almejam alcançar uma verdade divina.

O problema é que somos incentivados a nos concentrar nos fracassos. Somos distraídos por nossos defeitos. Como atores em treinamento, fomos julgados por nossa aparência e por nossos modos. Era importante que tivéssemos um bom desempenho na escola e um bom comportamento na sociedade. Suportamos muitas críticas, então naturalmente passamos a nos concentrar nas nossas imperfeições depois que crescemos.

Acredito que tudo é perfeito do jeito como está. Você quer se desenvolver, não se refazer. Você se tornou cego para a maravilha que é. Tenha em mente que um artista não enxerga imperfeições — ele é seduzido por seus modelos. Artistas são cativados pela mágica da vida.

Vamos voltar para os filmes por um instante. Imagine que você está em um cinema escuro, abraçando um balde de pipoca. Está pronto para ser transportado. O filme começa. Na mesma hora, você é hipnotizado pelas imagens que vê. Sua atenção logo é tomada pelo enredo.

Agora, imagine que há uma mancha de sujeira na tela. Depois de vê-la, você não consegue prestar atenção em mais nada. Isso é irritante e impossível de ignorar. Você se torna incapaz de prestar atenção nos atores ou nos cenários. Aos poucos, se distrai completamente da história, perdendo sua conexão emocional com ela. O objetivo de ir ao cinema era dar um tempo das suas obsessões — e, agora, aí está você, obcecado. Mais do que isso, está perdendo o deslumbramento. Está perdendo a magia.

Em algum lugar fora da sua vista, uma luz brilha através de uma tira de celuloide. Ou por um prisma. Ou por espelhos minúsculos. A tecnologia do cinema muda e evolui, mas o princípio permanece o mesmo: a luz toca a matéria, é refletida, e a informação da luz é dispersada.

No caso de um filme, uma série de imagens é ampliada e projetada na tela. Você vê o resultado e o reconhece como uma história. Enquanto assiste, ela se torna a sua realidade, desencadeando reações emocionais. Quanto mais você acredita fazer parte dos acontecimentos na tela, mais emocionalmente apegado se torna.

Foi preciso muita genialidade para unir todos esses elementos e conseguir um efeito tão poderoso; esse é um exemplo perfeito da arte imitando o mistério da vida. Luz ilumina matéria. Luz atravessa matéria. Aquilo que vemos desperta sentimentos. A vida é um show de luzes maravilhoso e cada um de nós o assiste de forma diferente.

Dar atenção à mancha de sujeira na tela é uma escolha. Você ficará obcecado por ela até decidir ampliar sua visão e absorver a experiência completa. No meio-tempo, a verdade passa por trás da lente. A vida espera, chama. Não importa o que as outras pessoas fazem. Você está sentindo? Está prestando atenção?

A vida torna tudo possível. Você torna tudo possível ao seu modo, criando momentos por meio de pura imaginação. A inspiração, essa força misteriosa, permite que você crie beleza de formas infinitas, que você inspire outros e compartilhe o amor por aquilo que faz.

A humanidade pode ser seu parquinho de diversões ou sua melhor desculpa para sofrer. O mundo está distraído com o próprio drama e não presta a mínima atenção no seu. Sua família ensinou você a se adequar; agora, você pode quebrar algumas dessas regras, fazer perguntas impossíveis e encarar respostas difíceis. Pode encontrar excelência, com ou sem uma plateia, e decidir sozinho como será o próximo ato.

A próxima fase

Atuar exige fé e comprometimento. O mesmo é necessário para ser uma boa plateia. Quando os atores não conseguem convencer o público a acreditar, fracassam em sua arte. Se os espectadores não estão dispostos a aceitar a premissa de uma história, por mais fantástica que seja, fracassam no seu papel de colaboradores. E se essa conspiração feliz fosse motivada por um desejo mútuo pela verdade?

Uma mentira divertida é ótima para o teatro, mas não serve de muita coisa na vida real. Farsas são difíceis de explicar ou defender. Melodramas podem ser exaustivos. Em uma peça ou em um filme, é emocionante imaginar bruxas roubando crianças ou criaturas alienígenas invadindo nossa galáxia. Pode ser divertido acreditar que super-heróis patrulham os céus — mas não queremos viver em um mundo moldado pelo medo ou fantasia.

Evolução depende de crescimento, de adaptação, e você tem a capacidade de se adaptar, de se autorrefletir. Você consegue encarar medos irracionais e dissipá-los, imaginar cenas fantásticas sem ter fé nelas, admitir que está sonhando e mudar o sonho. Consegue até transformar o sonhador.

Você visualizou seu caminho como uma caminhada por um campus de faculdade, um local onde mistérios são debatidos e explorados. A vida no campus é fácil. Seus colegas estudantes estão lá para trocar confidências, para guiar você, para levá-lo ao lugar certo. É elucidador pensar na Terra como uma universidade. É um lembrete de que estamos aqui para aprender.

Você também imaginou sua jornada acontecendo em um palco. Palcos são intimidantes, mas os seus medos são compartilhados por outros intérpretes. Você sempre foi um ator, estudando no mesmo curso de artes cênicas que o restante da humanidade. Entende que suas habilidades de atuação foram ensinadas por especialistas. Agora, pode decidir quais delas levará consigo.

Finalmente, pedi que você imaginasse sua vida como um labirinto — o tipo de lugar onde é difícil medir seu progresso e que limita a sua visão. Em um labirinto, você vive com o estresse de não saber onde está nem para onde vai. Ele é cheio de partidas em falso e decepções aleatórias. Você está cercado por reflexos, mas não consegue confiar que eles mostrem a verdade. Então, faz sentido nutrir um amor profundo por si mesmo. O amor é essencial para apreciar a beleza desta sua única vida.

A ideia de caminhar por um labirinto é exatamente isso: uma ideia. Novas inspirações podem ajudar a mudar a maneira como você pensa agora. Essa ideia específica ilustra como você caminhou pela vida e como pode prosseguir com entusiasmo. Em alguns momentos, você foi ingênuo; em outros, não. Ficou paralisado de medo, e também foi corajoso diante de traumas. A ideia do labirinto lembra que a vida começou *aqui*, e vai acabar em algum lugar *ali*. Cabe a você se mover pelo espaço entre esses dois pontos.

Pedi que imaginasse sua jornada pela vida de diversas formas — como um campus, um palco e um tortuoso labirinto de jardim. Cada uma transmite uma imagem da sua vida, e oferece diferentes níveis de consciência em diferentes momentos. Agora, talvez você se veja como um eterno estudante que nunca está pronto para passar para a próxima fase. Ou talvez acredite que saiba tudo. Você pode achar que se formou há muito tempo.

Quem sabe você já levou seu espetáculo em turnê pelo mundo. Construiu uma carreira usando a força de um personagem, de uma interpretação premiada. É óbvio que o lugar onde você está hoje é diferente do que estava ontem. Em um instante, você é um estudante esforçado; no outro, está discursando na formatura. A plateia acompanha suas aventuras em um dia, apenas para sumir em um piscar de olhos. Somos especialistas e amadores — alternando esses papéis, ou assumindo os dois ao mesmo tempo.

A qualquer momento, você pode decidir que suas ações estão em sincronia com sua consciência. A jornada acabará no momento da sua morte; enquanto estiver vivo, veja as coisas como elas são. Aprecie os reflexos, mas valorize aquilo que é real. A saída do labirinto pode surgir de repente, atrás da próxima árvore ou arbusto. A jornada pode acabar antes de você conseguir admirar sua beleza. Enquanto estiver aqui, mantenha os olhos abertos e os sentidos completamente atentos.

O que posso fazer agora?

Respire fundo. Exercite a imaginação e expanda a compreensão. Concentre sua energia. Primeiro, acredite em quem você é. Isso não deve ser difícil, já que você faz exatamente isso o tempo todo.

Ao sentir aquele conforto familiar sabendo o que sabe sobre si mesmo, pare de saber. Isso mesmo; pare de acreditar. Você não é quem pensa que é. Sinta o desconforto emocional disso e relaxe. Sinta-se seguro em não saber.

Agora, traga à tona a sensação de acreditar em algo que você sabe ser verdade sobre uma pessoa próxima. De novo, isso é algo que faz constantemente. Você acha que conhece as pessoas. Quando sentir essa sensação, essa convicção absoluta de que alguém é completamente conhecido, pare. Pare de acreditar que aquilo que você pensa é verdade. Sinta leveza no lugar dessa crença.

Lide com suas crenças assim. Reconheça uma convicção e então se dedique a acreditar no oposto. Finalmente, descarte todas as crenças sobre o assunto. Isso vai desanuviar sua percepção. O objetivo do exercício não é fazer você parar de se importar, mas mostrar o nível da sua conexão emocional com suas convicções. Assim, você compreende que é possível se distanciar e que voltar a se apegar é uma escolha. Acredite que é verdade. Acredite que é mentira. Como conversamos, sua atenção determina aquilo em que você acredita, não o contrário.

A maestria espiritual se trata de transcender o protagonista da sua história. De ver além do seu ambiente imediato e expandir seu senso de realidade. Para um artista profissional, maestria tem o mesmo significado. Os profissionais se perdem na arte. Documentam aquilo que veem e imaginam o que não conseguem enxergar. No auge, eles despertam outros artistas, como você e eu. Fazem com que nos tornemos cientes de sentimentos nos quais nunca pensamos. E a consciência aumenta com o tempo.

A consciência começa no útero, enquanto o feto cresce e o cérebro infantil se desenvolve. Lá, com a matéria lentamente tomando forma, os sentidos surgem, percebendo luz e som, calor e leveza. A partir desses estágios iniciais, somos todos colaboradores em nossa própria transformação. A vida nos dá os materiais brutos, e os desenvolvemos no nosso ritmo.

Você já teve sucesso em três desafios importantes: 1) continuou a aumentar sua consciência; 2) seguiu evoluindo, tanto no sentido físico quanto no espiritual; 3) fortaleceu sua determinação. Lembre-se de que ela possibilita mudanças; ela tem o poder de desencorajá-lo e de impulsioná-lo além dos seus limites normais de percepção.

Consciência. Transformação. Determinação. Hoje, e por todo o futuro, essas são ferramentas importantes para a sua evolução. E você tem outras. A imaginação, por exemplo, o transporta para onde você quiser ir. A colaboração intensifica a criatividade, então não se esqueça da trupe. Você compartilha este vasto palco com inúmeras pessoas. Permita que elas se expressem livremente. Respeite seus talentos. O respeito chama oportunidades — na vida e na arte.

Todo professor é um guia, oferecendo pistas para mistérios aparentemente insolúveis. Um professor pode lhe mostrar em qual direção fica a verdade, mas o caminho da sua jornada é um mistério único. Aprecio sua determinação em questionar e aprender, e fico honrado por ajudá-lo nessa tentativa.

Você observou a vida sob diferentes perspectivas nesta semana. Não importa se imaginou estar caminhando por um campus ou pelo mundo; você aprendeu com as decisões que tomou, com os locais que visitou e com as pessoas que o fascinaram.

Você descobriu habilidades que nunca sonhou possuir. Aprendeu a apreciar talentos que foram desenvolvidos na infância e refinados enquanto crescia. Viu como esses talentos podem ser moldados para se adequar à sua consciência atual. Você também sabe que eles podem ser modificados ou substituídos. Em vez de atuar — Atuar! Atuar! —, você pode preferir se acomodar na sua realidade, conhecer a si mesmo como o corpo quente em um cômodo cheio de espelhos.

Você é um ser autêntico, independentemente de como usa suas habilidades de atuação e do quanto deseja uma plateia. Brinque com a vida. Brinque com seus colegas artistas. Aproveite todas as oportunidades para aprender mais sobre o mistério que é você.

Bem, está ficando tarde. Precisamos nos despedir, mas só por um momento. Quero lhe transmitir meu amor e meu incentivo. Se você valorizar sua consciência, a aventura pode começar. Se quiser encontrar a verdade, opiniões são inúteis. Você já se destacou por seguir seu próprio caminho.

Continue a tomar decisões da mesma maneira que um artista e ouse inspirar os outros. Você veio ao mundo para transformar inspiração em algo mágico, *e oferecê-lo de volta à humanidade*. Esse é o seu dom como artista e o seu legado eterno.

Fim da aula

Este livro foi composto na tipografia Adobe
Garamond Pro, em corpo 12,5/16,7, e impresso
em papel off-white no Sistema Cameron da
Divisão Gráfica da Distribuidora Record.